書店の棚
本の気配

佐野 衛

亜紀書房

書店の棚　本の気配　もくじ

LADO
ミヤタ

ラドリオ
ミロンガ

装丁・レイアウト――矢萩多聞
装画――得地直美

I

本の声を聴く

――書店の棚の広がり

人間の感覚はアナログ的だとよくいわれる。インターネット時代の現代ではあまり歓迎されていないようだ。アナログの認識は「見る」ところにある。「見る」という感覚は瞬時にして知覚される。

車のスピードメーターがいまだに丸い枠のなかで針を動かしているのは、針の位置というパターンによって瞬時に状況を知覚することができるからだと思う。読まなくても見ただけで状況が把握できるのは、このアナログの能力による。「読む」のは時間がかかるため、一時メーター類をデジタル化して数字を表示したことがあるが、現在ではエコインジケーターをもつハイブリッド車の一部しか見かけない。見ただけではわからないではないかというかもしれないが、わたしたちは瞬間的に無意識的に把握する。

現代人は見たことを読もうとする習慣なので、デジタル化しないと理解できなくなってしまったのであろう。未開の人の感覚は優れているとよくいわれる。それは、こうした習慣がないからではないだろうか。ニーチェ的にいえば、デジタル的というのは、いわば法則的であり、法則的というのはそれが社会的であれば、ある意味強制的であるということなのだ。

ここではそうしたことを論証しようという場ではないので先に進もうと思う。

書店に立ち、棚の前に佇み、本を手にしたことから見えてきたこと、考えてきたことは本当に多い。多くの愛読者の人たちの表情もまた浮かんでくる。ふり返るには、まだ早いが、わたしは本とともに歩いてきた。このことは確かである。

二年前の二〇一〇年の暮れ、お世話になった東京堂書店を退職することにした。そのとき、在職三十七年、と伝えられた。日々の忙しさで、すっかり忘れていたが、やはり、三十七年という時は長いなあ、とつぶやいていた。本が好きで、神保町はよく歩いた街だった。大学時代、祖父の住む本郷の家で過ごしたが、早稲田と神保町は、わたしにとって欠かすことのできない街だった。古本が好きだったのである。それで、卒業し、そのまま東京堂書店で働かせてもらうことにした。初めはアルバイトだった……。それが、三十七年前のことかとも思った。だが、ふり返ることは、わたしは苦手である。書店について。読書について。考えてきたことを、綴ってみる。

新刊売り場とコンピューター

現在、単品管理による在庫検索装置が大方の書店には備わっている。そうした在庫の指定は階数、棚番号、段数、そして棚図面といった表示が検索結果として出るようになっている。データが絞り込まれているので探しやすいと思うのはあまり正しくない。目的の本がはっきりわかっているぶん、その本のタイトルを読まなければならないからだ。

この「読む」という行為が意外と探す妨げになっている。まして目的の本が検索結果とすこしずれた場所になっていたりすると時間はかかる。

コンピューターが検索結果を出すのが速いのはデジタルだからで、人間がアナログ感覚で探すから見つからないのだということになるのだろうか。そうではない。「読む」から探せないのだ。読むという行為はアナログをデジタル化することだ。

しかし、読んだものを理解するためには、さらにそこでアナログ化しながら客観化する作業でもある。コンピューターははじめからデジタルで成り立っていて、決まったことをこなすだけだ。ファジー理論などが話題になったことがあるが、デジタルをアナログ化することがいかに困難なことかを示している。人間の能力はもっとデリケートにできているのである。

この在庫検索の設定が追いつかない売り場がある。それは新刊売り場で、新刊は一日に二〇〇点以上ともいわれ、それらを日々展示しなければならないので、まるで〈取り壊し〉と〈構成〉の工事現場のようになっている。体裁よくいえば、絶えず更新されているということになる。設定を厳守しようとすれば、賽の河原のように終わることのない繰り返しということである。

検索書目が新刊売り場にしか置かれない場合には、検索結果は係員にお問い合わせくださいという表示が出るようにしてある。このためレジに問い合わせがくることになる。わたしがレジから問い合わせを受けたときには、アナログ的にわかるように答えてきた。

何番の棚の何段目といわない。見てわかるように、つまりレジの近くの平台の上の方、平台の後ろの棚の大きくて厚い本、白っぽいハードカバーの本、または赤い帯の本、という具合にいう。アナログ的に見てすぐわかるのは、そういう対処の仕方だからだ。だれもそう答える、というかもしれない。それなら、そのとき本来の人間の感覚に戻ったということなのだ。アナログはあまりに自然すぎて意識の上にのぼってこない知覚の基盤でもある。文明の利器は意識的に開発されるので、こうした意識の上に現れない働きを気づかないうちにどれほど失わせてしまったことかという思いがある。

見回しながら興味ありそうな本を探す場合、見ることから始めるので目につきやすい。新刊台や書棚を見回しながら目についたものを手にとる。その本があたえる重さ、手触り、親しみやすさといった感覚は瞬時に伝わる。必要に迫られていればそんなことはいっていられないかもしれないが、本の外観だけでも親しみやすかったり硬い感じだったりするものだ。こうした仕方で本を手にとることはアナログ的で、人間的といえる。しかし探している本のタイトルがわかっている場合は、そうはいかない。タイトルを順に読んでいかなければならないからだ。目的がはっきりしているのに探すのに時間がかかるというパラドックスだ。そうなればインターネットで注文した方が楽だということになろう。

「読む」という行為は、文字そのものがデジタルなのでデジタル的である。しかし、それを「理解」するということは単なるデジタルではない。コンピューターを開発したジョン・フォン・ノイマンは、生物体を全てデジタルに還元することは不可能であると語っている。

「起因となる刺激から最終の効果にいたるまで、さまざまな段階——ある段階は神経的、つまりデジタル的であり、他の段階は体液的、即ちアナログ的である——を経ていかなければならない生物体には各種の混合した一連の作用がある、ということはよく知られている。」(『人工頭脳と自己増殖』、品川嘉也訳)。

ただ、デジタル的であるという「作業仮説」を用いなければコンピューター化、つまり論理化できないと考えたのであって、人間がデジタルでできているといっているのではない。

生物の感覚は、アナログ的な刺激が閾値を超えたときにデジタルの信号を動かす。動かされた結果は確かに刺激として知覚される。アナログ的な刺激がデジタル信号を刺激するほど強くないときには刺激はゼロである。過敏を防ぐためである。しかしアナログ的な刺激は存在している。しかも同じ刺激が連続して伝えられるとデジタル信号の反応が鈍くなってくる。それは感覚の機能を守るためだともいわれている。コンピューターの電流は一定でデジタル的に反応するので、いつもまともに伝わる。そうなると人間の神経はまいってしまう。ここが人間の仕組みとは異なってくる。

コンピューターの電流は信号回路にそって流れ、それが各命令を実行し結果に到達する。しかし人間の血液は各組織と情報の交換をしながら、さらにそれを可能にする器官そのものを維持する役目をしている。つまり血液循環は各組織の保持と組織の統一体としての行動を可能にし、さらにストレスを老廃物として排出する機能をもっている。企業の組織図はさながらコンピューターのハードウェアのようになっていて、会議などによる上意下達式であり、相互の交換やストレスを緩和するシステムになっていない。仕事組織にとってこのことはいつも見逃されてきた。血液循環型の関係組織こそ人間の作業形態だと思っている。

検索するということ

それはそうとして、「検索」とはどのようなことになってくるのだろう。

単に漫然となにかを探すということにはならない。それはあたりを見回しながら探し出すということではない。限定された目的にそった領域のみをほかから切り離して表出することであり、限定を絞り込むことによって特定化することであろう。

例えば本のタイトルを入力すれば、その本についてだけの情報が得られる。逆にその本に興味のある場合には関連書籍の紹介をしながら検索の幅を広げようとするようになっている。ダイレクトに現れる検索情報に幅をもたせようとしているのであろう。そうした場合でも、やはり実物の並んでいる現場を見回してみることとは異なっている。表示画面の全体が一望できない。スクロールしながら少しずつ確認しているので、見回すというよりは読み上げているといった方が似合っている。しかもレファレンスが限られている。

それにしてもネット書店での注文は、注文者にはそこまでであとはブラックボックスだ。発注された方としては、その本をやはり人間が探している。ゆくゆくはロボットが探し出すようになるのか、そうなる前に物体としての本がなくなってしまうようになるのか、これからの問題であろう。現在では注文書が保管されている場所では、出版社ごと五十音順に本が並んでいて、タイトルの探索はそれに従って引き出せるようになっている。いわば取次の倉庫のようになっていていてだれもが探し出せるようになっているのだが、もちろんそこに本を補充している手慣れた係員の方が速い。本のタイトルを読みながら探すにはこの方法は合理的である。

ではなぜ書店の棚に並んでいる本はそうなっていないのか。先に述べたようにタイトルがわかっている場合には書店の棚は不都合なようだ。そのために検索装置を設置し、探すことが困難な場合は係員が探すようにしている。この経過はネット書店や取次の倉庫の流れと違わない。違うのは棚の中の本の配置だ。

書店の本の流れ

興味ありそうな本を一冊手にとってみる。そして少し読み始めてみる。自分のなかにある意識のコンテクスト（文脈）が自ずと立ち上がってくる。この能動的な動機が内発されないと本を読んでもおもしろくもないし、よくわからない。本を探すということは、自分の内部のコンテクストを外部から触発されるということであり、そのコンテクストをさらに構成していくことである。この過程でさまざまな本が立ち現れてきて、それらをつぎつぎに手にとってみては内容を探るのである。

自己の内部の現実的なコンテクストは多面的であり、微に入り細に入り、いわば毛細血管、あるいは木の根（リゾーム）を構成しているようなものである。ここで間違いやすいのは、そこでの注視が絶えず同種のジャンルにばかり向いていると思うことである。そうではない。隣のまったく性格の異なる本にも同時に興味を引かれるのは、リゾーム現象ともいうべき性格からして、コンテクストの切り替えによるものだということはありそうなことである。

そこで覚醒した意識が、単に見わたすという消極的な態度から積極的な移動を始める。そして、「見てまわる」という身体的運動を引き起こすようになる。今度は書店の棚から棚への移動が起こり、絶えずコンテクストの切り替えや融合が行われ、どの本を見ても自分の意識を誘発し、書店の存在意義と自分の意識が一体化した生活空間に変容する。

書店は自分が空間的な広がりを獲得したようなもので、その内容は古今東西に渡っているのだから、時間的にも共感できる場に居合わせていることになる。つまり書店は共時的空間と通時的時間が交差している場なのである。

ここから取り出された本が、自己の内容を形作るとしたらひとつ上の段階を獲得したことになる。まず自己が書棚に対置する。次に書棚の本に自己を外化する。最後は本の内容を獲得する。ヘーゲルの弁証法を実際に体験したことになる。こうなると、もはや書店の棚は単なる本の収蔵庫ではないはずだ。その意味でもネット書店や取次の倉庫とは異なっている。さらにいえば図書館の書庫とも違っている。図書館も確かに目的の本を探す場所であるが、漫然と見てまわる場合もある。十進分類法に従って部門ごとにしっかり配列されているために棚の広がりがない。

棚の広がりがないというのは、棚の数や本の量のことをいっているのではない。ジャンルの中にも、その内容が越境的なものもあり、きっちりと部門に収まりきらないことが実に多いのである。

法律の分野ひとつ取り上げても、専門的な法律研究書のほかに、法律試験関係、法思想、法哲学、さらに一般的な家庭の法律や具体的な貸借や土地問題、裁判、訴訟とさまざまである。法律試験を目指している人はその関係書や法律研究書を必要としているが、法思想や法哲学はむしろ社会関係や哲学にとって必要であろう。隣接部門との融合が棚の質に広がりをもたせるのだが、そうした場合、書店の棚はある程度配慮されている。一般的な法律問題になれば、その方面のルポルタージュやドキュメント作品も配慮される。そうなると社会問題とも関連が広がっていく。

理想的な書店

書店にとって理想的なのは、本が本をよび、本が棚をよび、棚が棚をよび、棚が書店をよぶという構成を作り上げることだ。読者にとってはその逆をたどればいい。書店に入って棚から棚を見ながら本を手にとり、その本がまた本をよぶ。限りない世界が身近な空間に出現する。

ところが、書店員のなかには、自分の思いだけで本を選び、それが独自の棚作りということになっているケースが多いようだ。これは、その人の思いの先走りだと思う。独りよがりの配列をしてはいけない。現在ではそれが評判をよんでいるようだが、それでいいのだろうか。

わたしは、本が本をよぶのであって、その声を聴きながら棚を構成していくことをできるだけ心がけてきた。本にしたがうことは、大げさにいってみればハイデッガー風に「存在の声を聴く」といったことの実習をしているようなものである。本に霊がこもっているなどということをいっているのではない。それぞれの本の立場に立ってみたときに、その本の存在が素直に自分の意識を呼び覚ましてくれる。単なる紙の集積としての物体を、自分の手で動かせるからといって侮ってはいけない。それらは人類の始まりからの記憶として連綿と伝えられてきたものである。本というものはそうした伝統を背負って伝えられ、現在でもその末裔として続いている人間の知的な営みなのである。

そうしたことを考えながら書店の書棚が構成されているとすれば、ネット書店や取次の倉庫、あるいは図書館の書棚とはやはり異なっているというべきであろう。

しかし残念ながらそうなっていないことが多い。新刊台はどこの書店に行っても同じような本が並んでいる。話題の本といえば、それも先を争うように並んでいる。どこの書店に行っても同じようだというので、よく〝金太郎飴〟といわれる。それでも売り上げはやはり優先されなければならないとすれば、それは当然のことであろう。金太郎飴そのものが売れないのでその姿を消しつつある、というのは皮肉だが。

しかしもう一〇年来出版業界の売り上げは落ち続けている。ネット書店の売り上げが伸びていて、それが書店の売り上げを落としているともいわれる。バーチャル書店とリアル書店との相反関係が問題になっている。ただし業界全体の売り上げの下降は、それら二系列の売り上げを考慮してのことであり、つまり出版業界全体の退潮を意味していることになるであろう。リアル書店の存続はやはり深刻である。

この退潮の原因はいくつかあるだろう。コミック雑誌の売り上げの落ち込みもあるが、今まで書籍、雑誌が担ってきた娯楽関係、実用関係や情報関係のニーズがインターネットや携帯電話に移行してきたことである。そうした生活環境の変化によって、本を購入する費用も削られているという。携帯電話の普及でコミック雑誌が読まれなくなったという説もあるが、なにかを知りたいのなら本でなくてもネットで調べればすぐにわかる。

ネットの使用が高まれば、広告もまたネットに移っていく。雑誌の広告は減少する。広告料でかなりの部分をまかなっているとすれば、雑誌の出版に支障が出てくる。最近雑誌の廃刊が頻繁に起こるのはそうした理由によるものもある。このことは、雑誌を電子書籍として配信するということと必ずしも一致しない。雑誌がなくてもネットで代用できるということで、もう一方では雑誌そのものをネットで配信するということだからである。しかし、雑誌をネット化することで広告料が回復するとすれば雑誌の存続は可能になる。広告料の移行したネットの側に雑誌が移行してしまうということである。

このことは紙の雑誌を電子化してしまうとどうなるのかという問題とは別のことで、雑誌の存続のためにネット化していくということであろう。事態は往々にして本質とは別のところで変化してしまうのであり、こうしたことは歴史上よくみられることである。そうなると書籍の電子化とはやはり違った分析が必要である。

雑誌についていえば、書籍と違ってどの雑誌を読んだらいいのかといった問い合わせはない。むしろ店員よりも読者の方が詳しい。雑誌のコンテンツがはじめから特定の読者を想定して製作されるからであろう。雑誌こそタイトルで問い合わせてくるのであり、それだけ目的が明確であるということを示している。つまり自分の興味をはっきりと自覚しているのである。そうした場合に書店として最も大切なことは、すぐに探せるような配置にすることである。雑誌は判型が大きいので、理想的なのは表紙がそのままアイキャッチになるように展示することである。雑誌はジャンルごと、世代ごと、男性、女性といった区分の組み合わせで成り立っているが、どこでも配列はだいたい決まっている。

調べることと考えること

ネット上を漂いながら、興味のありそうなところをクリックする。そうしながら大分類から小分類にまでいってみる。それはある意味、百科事典を読む操作に似ていると思う。調べるということは、なにかを知りたいということである。どの程度知りたいのか。百科事典では本当は足りない。それで足りるとするなら、同じ項目に関する研究書が何冊も書かれるはずがない。事態は逆なのである。百科事典は、いろいろな研究書のダイジェスト、あるいは省略された概略なのである。本当に知りたいと思うなら研究しなければならない。百科事典はそうした興味を引き起こさせるきっかけである。

ネットで探す場合には、情報を得るという使用の仕方もある。行く先地の地図や通販商品、それに食べ歩きの情報に今日の出来事などであり、実用的には料理の仕方、衣服の汚れの取り方、部屋のインテリアや収納方法といったようなもので、いままで書籍をマテリアルとしていたテリトリーがインターネット上で調べられるようになっている。ロードマップ、雑誌のファッション記事、各地域のガイド本、料理書、家庭医学書といったその種の書籍や雑誌の存在が圧迫されてきている。

ロードマップについていえば、ナビゲータの普及によって地図関係の出版社もそちらに力を入れるようになった。マップといっても最近はレポート風なものが多くなっている。名所、名店の紹介がもっぱらだが、それらもサイトで検索できる。それにナビゲータを持ち歩くこともできる。しかし、実際に持ち歩きながらということでは本のほうが便利なようだ。そこで単なるレポートではなく、エッセイ風なものに移行しつつある。

ひところはラーメン店の案内、最近では酒場紹介ものが多いが、そのほかスイーツなどもある。さらにはワンコインで食事できる店とか、エスカレートすると信じられないのは一〇円でできるおかずの本などというものもある。「センベロ……」という本も出たが、なんのことかとページを開いてみると、「一〇〇〇円でベロベロに酔える店」の紹介だった。体験的評価を加えたもので、すでにテレビなどで特集が組まれているものが多い。

ネットで調べる場合、ネットに掲載されている範囲が知りたいことの限界であり、それ以上いくら操作しても同じ情報に戻っていくだけである。実生活上支障なく役立てば、それが調べた結果としての成果であるといっても問題はない。しかし、調べるという行為には、どこまでいけばいいかという限界はない。ひとつの項目に対してひとつふたつの説明しかないというより、できるだけ多様な扱いがあったほうがいいのは当然だ。

ネットを使う人口は膨大な数にのぼり、その人びとがまったく同じ認識をもつとするなら、そのことは洗脳に等しい事態を引き起こしてしまう。しかし、本は違う。本はひとつの主題でもさまざまな顔をもって出版され読者は選ぶ自由をもっている。むしろどれを選んでよいのかわからないといったことを問題にした方がいいようなケースもある。次から次へと同じような傾向の本が出版されるという出版界の別の問題をはらんでいるのだが。

考えるために調べるというのが人間の習性だったと思うが、いつの間に考えるためという前提が利便性の追及によって取り払われてしまったようだ。調べるということが考えることに取って代わってしまった。ネットで調べたことが共通感覚になってしまうとコミュニケーション上、それから先の疑いをもたなくなる。

考えるということは探求することであり、自己をより広く深く展開する作業である。それをしないでわかるということは、最大公約数的には込み入った説明をされても理解できないという前提がネットという世界にはあるようだ。

知識と知性とは別物だと昔からよくいわれてはいるが、調べごとと考えごとの違いでもあろう。人間の意識は目的意識より漠然とした意識の方がずっと広く深いものである。それはやがて無意識にまで通じている。目的意識は明確さに通じているが、同時に排除の意識でもある。明確ということはそれ以外のものとの境界を示すということであり、それ以外のものをそうではないと断言することである。そうした作用は現代の効率的社会の生み出した狭い作用である。この目的意識のそれぞれが、たがいに対立しあい解決不能な矛盾をつくりあげてしまう。効率的社会の意識が、情報のイノベーションを推進しているとすれば、人間性とは別の方向に向かっているということである。

本を手にする楽しさ

「なにを読んだらいいのかわからない」ということがよく話題になる。「なにを読んだらいいのかわからない」のではなく、自分の内的な意識の位置に気づかないために対応する対象がわからないだけである。普段生活をしているだけで、わたしたちはいろいろなことを考えている。そして、その内的な意識の自覚に見合った日常行動をしているのである。本もそうした生活のなかで必要があれば読めばいい。おそらく人間の生活のなかで本が必要なのだと気がつくときがきっとあると思う。

本を読むときだけどうして特別な作業になってしまうのかが問題だとまえまえから考えていた。なにかを読んでみることでそこから読書の楽しみが始まる、あるいは読む習慣がついてくるだろう、とよくいわれている。そうだろうか。そんな習慣がほかの日常の生活にあるのだろうか。必要もないのに読んでみても興味はわかないだろうし、頭にも入らないに違いない。漫然と読書するといわれることはある。しかしそれは本好きの人のことで、ここで問題にしていることからすれば例外である。とりあえずわたしたちが日常の生活で、日々を送っているように、読むことも同じ地平においてみることは可能なはずだ。そうしてこそ日常の読書の楽しさを感じることができる。

読む本を探そうとする場合、ベストセラーや書評のラインナップなどに注意してみることとは別段かまわないが、とにかく自分の身近な経験のレベルで、興味をもつこととのほうが理解は早いし身につくものである。そうしながら本を読むことに慣れていき、少しずつ自己の内的世界を拡大していくような読書につながっていくことになる。もちろん本は文字でできているものばかりではない。絵画や写真、デザインや図版といったものもあり、そのマテリアルは多様である。

なにしろ本の種類は稼動しているものでも五〇万点ともいわれ、ほかの業種とは段違いに多い。どんなに大きな書店でも刊行される本を置くことはできないが、それでも大きな書店の棚には圧倒されてしまう。

書店の側からしてもこの事態は重大問題である。近ごろの書店員は本を知らないとよくいわれるが、これほど多くの出版物があればだれにでも覚えきれない。書店員もまた読者と同じなのである。わたしたちはこの本の多さという圧迫感から解放されなければならない。それには、自分が主体的に書棚と対置できるようにならなければならないと思う。

本に慣れるということは、自分の興味が本に投影されるということであろう。興味は主体的なものであり、そのことで圧迫感から解放される。現代の書店業界は読者も書店員も同じ立場におかれているといえるのである。

ただし書店員は自分だけの興味に任せて本を扱ってはならない。そのことはすでに述べておいたように、本が本を呼ぶ気配を感じなければならない。本に興味をもてば本の気配を感じるようになる。本をていねいに扱い、それに慣れていけば自ずと感じるようになるのである。書店員と読者は、ここでも同じなのである。

専門書とのつきあいかた

専門書が書店の棚から消えつつある。これでは困る。専門書を出版している出版社に思いをはせてみる。

専門書の場合、各専門書の出版社の集まりがあり、例えば国語・国文の会、歴史書懇話会、人文会、大学出版協会、法経会、工学書協会、理学書刊行会などといくつもある。それぞれが年度版で目録を作成し、書店がそれを仕入れ、書店員にも一般読者にも手に入るものである。書店に行けば無料で配布しているが、目録といってもそれぞれが一冊の本になるくらい詳細にわたってできている。

この分類別図書目録は現在二十二点も出ている。しかもこの目録には、出版社の目録のようにタイトルごとに短いコメントがついている。それを読んでいくだけでも楽しいものだ。現物を見てみたいと思わせるようなコメントが並んでいる。同時に、本の世界はきりのないほど広がりのある世界だと感心させられる。

それぞれの目録による分類はとてもよくできていて、書店の棚配列を構成するのに役立つ。単なる十進分類に基づくだけでなく、項目別や相互関連がよくできている。書店員で専門書に強い人はあまりいないので、これらの目録は棚を構成する指針になっている。ネットの検索では、ピンポイントで調べるにはいいが、全体の関連を見渡すのには向いていない。しかし専門書の目録は、そのジャンルの全体像から一冊まですべて調べることができる。しかし書店員でも、ここでもまた繰り返すことになるが、すぐにパソコンにしがみついてしまうので近視眼的な視野になってしまっている。目録で調べる習慣がなくなりつつある。部門の棚全体を統一的に把握することができなくなってきている。

残念ながらというか、現在これらの目録はサイトでは見ることができないようだ。もし見ることができたとしても、本のようにパラパラとめくりながら見るようにはいかない。一面しかない画面ではいくらスクロールしてもきりがない。iPadのようにページがめくれたとしても、本をパラパラとめくるというわけにはいかない。スキップしようとしても、初めから全容が現れてはいないから、どの程度というものがわからないのである。

このパラパラとめくるという動作は、漫然と見ているということであり、同時に自分の目的意識と異なりもっと広く深くその対象に関与していることでもある。宮本武蔵の言ではないが、心の持ちようは「心の内にごらず、廣くして、ひろき所へ智恵を置くべき也」(『五輪書』)という風情であろう。意外なことに気づいたり、自分の内的な無意識を呼び覚ましたりするものだ。もっとも目録を見ながら自分の意識を引き出せるのは、本に詳しい読者なのかもしれない。しかし目録を見ながら楽しめるようになれば、本探しはもっともっとおもしろいものに違いない。

本来的に専門書には専門用語が多く、そのことで専門書と呼ばれているのである。専門用語は数学や物理学にもある。法律や経済にもあり、社会学にもある。心理学や精神分析などは専門用語から成り立っているような学問であろう。外国語でも、同じ日常語が専門によってさまざまな意味をもっている。専門用語になれるということも読書体験のひとつである。

やさしい表現とわかりやすい表現とは違う。複雑な経過を通してできあがった理論は、やさしくはならない。その経過を省略してやさしくしてしまっては意味がない。しかし順を追ってわかりやすく表現することはできる。それができるのはそうした理論をつくった本人である。もしくはその分野を自家薬籠としている人である。そうでない人がいくらやさしく表現してもわからない。なにかを勉強しようとする場合には、そうしたことを頭に入れて本を選ぶのがいいと思う。

古本屋の均一台の持つ意味

一般的な読書では、やはり文芸方面の作品がよく読まれている。現代では純文学の占める割合は減少し、エンターテインメント系の文芸書が主流を占めている。かつては日本文学全集や世界文学全集、個人全集などが多く刊行されていた。しかし最近ではそうした刊行はほとんどない。これでは、全集に収められていた作品は文庫本以外では読めなくなっているということだ。だが、作品すべてが文庫本に収録されているわけではない。各出版社の文庫発注リストには売れ行きランクがつけられていて、このランク外の作品になり品切れ状態になると、なにかのきっかけがない限り再版されないのが現状である。

ところが古本がある。読めない本も古本で手に入れることができる。品切れの本や絶版の本は古本でもその定価より高い売り値になるが、同じタイトルの本が別の出版社から刊行されるケースも多い。そうした本は安く手に入る。古本屋のサイトで探すこともできるだろうが、サイトに載るのは貴重な本がほとんどだ。もちろん探す手間はかかるが、古本屋という現場で探すしかない。

とくに不揃いの全集は文庫よりも割安で、そこにはたくさんの作品が収録されていることはいうまでもないことだ。それにお買い得。ただし家にもって帰ると場所をとる。そこで均一台の文庫を探した方がコンパクトである。電子書籍になってしまうと品切れ、絶版ということはなくなってしまうのだろう。いつでも検索してインストールできてしまうのではなかろうか。

かつての文学作品を手にすることが困難な状況に比べ、エンターテインメント系の本が文庫棚を席巻し、現在では文庫の主流となっている。こうした作品の耐用年数は短く、つぎつぎと出版される。ここでも売れ行きランクから落ちる作品は多い。実用的な内容の文庫も入れ替わりが激しい。このように、次から次に毎月新刊を送り出すのだから、品切れにしてアイテムを落としていかないと、書店の棚に入りきらなくなってしまう。そうしたなかで、必読書といわれる作品を擁している文庫は、岩波文庫、新潮文庫、講談社の学術文庫、文芸文庫、筑摩書房の学芸文庫などであろう。特に岩波文庫と新潮文庫は充実していて定価も高くはない。

変わっていく作家の質

こうした環境では作家の質も変わってくる。純文学的な素養がなくても作家になれるようになったようだ。作家の本分というものは、構成力であり、文章力であり、表現力であるといわれてきたが、最近ではだいぶ様子が違ってきている。面白い筋立てがあり、読者の広範囲な共感を呼ぶことができるか、これが作家の使命のようになっている。この傾向は、明らかに多くの読者を予想するという戦略であり、作家よりも出版社の狙いにシフトされてきた。作家も消費される。そういう出版事情になってきているということである。作品の内容も、差別化という坩堝《るつぼ》のなかで、過激なものや奇想天外なものなど作品の内容は多種多様であり、その作法にタブーはなくなっているようだ。読みたい人より書きたい人で、これを〝作家のカラオケ化現象〟という人もいた。行き着くところまできたという現状であろう。

しかしまた、ひとりの作家でなんでもありという才能をもった人はありえない。一冊のベストセラーで二、三年後には消えてしまうことも多い。だが、作家予備軍が豊富なようで出版が途切れることはない。もちろん、ベストセラーを出せる作家は限られているので、出版社は、次から次にと手を変え品を変えて作家を読者の前に登場させている。現在の出版事情は、この繰り返しという状況のなかにいる。この状況で、作品の質という問題に回帰していくとき、文芸作品としての問題を検討しようにも、いまでは基準がなくなってきてしまったように思う。つまり作品を評論することが困難になってきている。現代の文学評論もまた情報社会的な観点になってきているのである。文学をとり巻く社会現象までも射程に入れないと評論の意味がなくなってきてしまったということだろう。

こうなってくると、エンターテインメントを読み耽っている読者と評論家との乖離《かいり》がますます大きくなってきている。文芸評論が受けないのはその緻密な内容もさることながら、文芸作品とその評論との温度差であると思う。文芸書と評論が空中分解さながらの状況にある。

村上春樹の作品は読まれるが、村上春樹についての評論はほとんど読まれない。これは村上春樹に限ったことではなく、現代作家全体についていえるように思われる。ことにエンターテインメントの作家についての評論はない。「このミステリーはすごい」といった評論や、それに類する年度版のムック雑誌は刊行されているが、作家ごとに関する評論はあまりに少ないと思う。

現在、大学の国文科志望がどういう状態にあるのか知らないが、古典物の書籍もあまり売れないのである。それに、以前は国文学者が現代訳や作品解説をしていた作品も、最近では作家や予備校の先生が訳したものが出回っている。しかもそうした本は、文庫本や新書本になっているか、文芸作家の分類として国文学の棚に入るようにはなっていない。

ここまでくると、ひとつ思うのであった。

できることはみんなやってしまったということであれば、逆にそこにはとびぬけた差異はないということである。そうすると、そこからまた新しいスタイルができ上がってくる可能性があるということである。いまはその過渡的な時期なのかもしれない。このことは、「紙の本か、電子書籍か」という問題を別にして、通奏低音のようなものを紡ぎだそうという文学的努力がきっとどこかにあると思うのである。

全体小説のすすめ

作品は作品の棚、評論は評論の棚にあるのがよい。評論はひとつの作品を扱っているように見えるが、その考察の仕方はほかの作品にも越境している。そして、多くの作品を扱っているように見える場合でもひとつの理論によって分析しているものもある。究極的には評論そのものの立場を考察したものもある。そうなると、社会学や哲学、思想の分野にまで広がりをもってくることになる。評論は個別の作品についてのものだけではなく、評論の在り方そのものの省察と自立に向かおうとしている。したがって作品と評論とは別の次元のことである。

文学作品の名作は全体が理論であり論説なので、読み飛ばすことはできない。

プルーストの『失われた時を求めて』のような作品は、概説書を読んだり、あらすじを知っても意味がない。作品全体が有機的にできあがり、ひとつの世界を構成しているので最後まで読まなければならない。ジョイスの『ユリシーズ』でも同じである。ムージルの『特性のない男』も、ヘルマン・ブロッホの『夢遊の人々』もそうである。全体小説といわれる作品ははじめから終わりまで全部読まなければならない。そういうふうに書かれているのだからである。時間をかけてゆっくりと長大な小説を読む。これも読書の醍醐味である。

どこへ行く洋書

最後に洋書について。

以前は東京堂書店にも洋書部があり、四、五年間、洋書コーナーを担当したことがある。当時と比べてみると、アマゾンが日本に入ってきてから洋書店が激減した。

洋書にも取次業者があり、そこが輸入して書店が買い取り販売することが一般的である。各出版社から直接仕入れることも可能だが、取次を通した方が多くの出版社の書籍を仕入れることができるのである。しかし、大手の書店では取次を通さず出版社と直接取引をしていることが多い。場合によってはイクスクルーシブといって、出版社が日本の特定のエージェントとだけしか取引契約をしていないので、そこからしか仕入れることができないタイトルのものもある。

洋書といっても本であることに変わりなく、輸送の問題があり、取次を通してくるので中間マージンは必須である。それでも和書よりは利幅があった。ただし買い切りなので売れなかったとき海外から直接仕入れたものは返品できない。

洋書は日本の出版物のように再販商品ではないので値段はいくらにつけてもかまわない。もちろん採算割れするような値段はつけられないが、売れ残った本を買いやすいような値段に変更して販売し在庫を減らすことはできる。日本の出版物は売れなかった場合でも値段を下げて売ることはできない。その代わりほとんどの本は返品できるので書店に残ったままということはない。

アマゾンについてだが、アマゾンは中間マージン部分をもたず大量の販売力を背景に出版社との交渉もでき、格安なプライスで提供できる大きな組織である。国内の洋書店でのプライスが、それに対抗できずに閉店に追いやられてしまっている。こうなると国内の取次が衰退してしまう。つまり国内で洋書の実物を手にとりながら購入するという環境が、だんだんなくなりつつあるということなのである。研究者は、もともと海外発注で取り寄せることが多く、そうした習慣がついているのでアマゾンができてからというもの国内の洋書店で購入するより安いし早いので、その方がずっと便利なことは間違いない。そうした研究者は、注文だけで間に合うようになっているが、これから研究者になろうと考えている人たちにとっては、国内で洋書に触れる機会が極端に減ってしまっている。

こうしたことは、洋書との接触が専門職化してしまうことになる。とても読書を楽しむなどという境地は望めない。しかし、アマゾンは本だけを扱う企業ではなく、通販に成功するとリアル店舗を設立する戦略をとっているという。アマゾンのような書店が国内でも出現するかもしれないが、そうなれば洋書を手にとる環境が復活する。

しかし現在では、これから洋書を読みながら勉強しようという読者からすれば、国内での環境がなくなりつつあるということは憂慮すべきことである。英会話やフランス会話という会話本ばかりが巷にあふれている反面、洋書そのものを読書するということに関する本はない。日本の出版社でもかつてはリーディングテキストのシリーズがたくさん出ていたが、いまは品切れのままで、大学で使うテキスト程度になってしまっている。さらには活字離れと称して、かつての古典をできるだけやさしい表現で普及をはかろうとする出版社とあいまって新訳ブームが引き起こされている。これでは、ますます洋書とのつきあいは遠のいてしまう。洋書は、文学でも哲学書でも日常語で書かれているので、日常的な意味で訳すのがいいのかもしれない。しかし原書でもそれで表現できない場合、ギリシャ語やラテン語、そして造語が出現する。むしろ文学書の方が見慣れない単語が多い。あるいはフレーズで、日本の習慣では理解できないことがある。しかし身近なやさしい単語が多いということが文章の理解を手助けするというわけではない。むしろコンテクストのつながりがわからなければ本の内容は理解できない。やさしい日本語にするのではなく、コンテクストをわかりやすく理解が通るようにしないといい訳とはいえないのではなかろうか。もともと原書がすでに込み入っているものもあるので、とにかく翻訳は大変である。

II

二〇〇九年から二〇一〇年の日録

二〇〇九年

大学出版局のフェアを半年前から企画している。その前は、国語・国文の会と歴史書懇話会のフェアを企画推進してきた。この企画は、塙書房の白石さんにお願いして成就したもので、二年半ほどかけて終了したばかり。国語・国文の会と歴史書懇話会の各出版社の出版書の全点展示を前提にしたフェアで、多くの出版社の人たちと知り合いになり、勉強にもなった。この後、白石さんに相談すると、大学出版局の全点フェアをしてはどうですか、と話してくれた。それに、もしやるなら、各出版局との連絡もやってくれるというので、この企画を当店でやることにしたのである。

東海大学出版会の諸星さんと法政大学出版局の古川さんがさっそく来店、実行にむけて歩き出した。この大学出版局フェア、慶応大学出版局からはじめることにした。というのも、沢畑さんの担当ですでに終えている東京大学出版会全点フェアの後に、この慶応大学出版局フェアを予定していたのだが、先の国語・国文の会と歴史書懇話会のフェアが伸びたので後回しになっていたからだ。この話に、諸星さんと古川さんは快諾してくれた。二人に慶応大学出版局の中島さんが加わっての打ち合わせを行った。来年の一月からスタートするつもりであったが、一月は年始の休業、二月は営業日数が少ないので、今年の後半から始めてはどうかということで話はまとまった。

12月10日　慶応大学出版局の中島さんから午前中に電話、これからすぐに来店するという。寒いにもかかわらず汗をかきながら現れた。フェア全点のなかに雑誌の三田文学既刊分も展示販売でき、さらには、文芸家協会理事長でもある作家・坂上弘さんの講演会の話をまとめてきたという。講演会は来年の二月六日。幸先いい。感謝の気持ちでいっぱい。

12月11日　芥川賞受賞作家のモブ・ノリオさんのイベントの日。

モブさんからの申し出で実現したのである。モブさんは、『介護入門』（文藝春秋）で芥川賞を受賞されたときに当店にも訪ねてきてくれた。そのときにサイン本を作ってもらい、話を交わしているうちに、モブさんが中上健次さんをとても尊敬していることが話題になった。そこで、ずいぶん前になるが、中上健次さんに連続講演を当店でやってもらったことを話すと目を輝かせた。そのことがうれしくて、中上健次講演記録の載っている雑誌を渡した。そんなこともあって、今日のイベントにつながったと思った。
そしてこの日の昼前、モブさんからメールが届いた。そこには、今日のイベントをやることになった動機が書かれていた。当店の店頭に『JOHNNY TOO BAD　内田裕也』(文藝春秋）を平積みしていることを、友人の装丁家の奥定泰之さんから教えられ、東京堂書店で講演をしたいと考えるようになった、とある。この本は、モブさんと内田さんの共著だ。そういえば、同書は売れて、追加注文を出してまた平積みにしたのであった。モブさんだが、イベントが決まった後にも姿を見せてくれた。イベント会場の六階の部屋は中上さんが話された場所です、と伝えると、「えっ！」と絶句し「光栄です」と緊張した口ぶりだった。始まる前から楽しみだ。

12月12日　土曜日なので取次はほとんど休業。
前日入荷した荒川洋治さんの新刊『文学の門』(みすず書房）の平積みがよく売れている。十五日にサイン本にしていただく予定だが、その日まで五〇冊残るか心配になってくる。八〇冊とったのに追加は必至。荒川さんには、来年の一月十三日にイベントが決まっているので、そこでも追加しないといけないと思った。

モブさんが昨日の講演のお礼ということで来店。丁寧な人だ。次の機会をお願いする。

春秋社の鎌内さんが、先日、新刊案内を持ってきたなかに『天使はなぜ堕落するのか』というタイトルで副題が「中世哲学の興亡」とある案内文に興味を持った。中世哲学では平凡社から『中世思想原典集成』(全二十巻)という大きなシリーズが出たことがあるが意外と文献は少ない。そこで、『天使はなぜ堕落するのか』、値段は少し高いが平積みしたいと思って多めに注文、その後、入荷して展示すると、さっそく三冊売れる。わたしも読んでいるが、著者八木雄二さんの書き方から中世思想に詳しい方だということがわかる。著者の来歴をみてみると、『中世思想原典集成』の訳者とあり、中世思想で定評ある慶応大学で研究されていたところをみると大家に違いない。八木書店に、今日、さらに追加注文する。

坪内祐三さんから段ボール一箱が届く、古本だ。当店には著者棚コーナーを設け、紀田順一郎さん、鹿島茂さん、坪内祐三さんにそれぞれ棚を作ってもらっている。坪内さんの棚だけには古本も並んでいる。年末年始に切らしてはいけないという気遣いに違いない。そのうち、展示にみえるはず。

12月18日 立花隆事務所からの注文を電話で頂く。いつもはメールだが、至急の場合はこうした電話である。即日調達。嵐山光三郎さんの新刊『新廃線紀行』五〇冊のサイン本を光文社の壇さんが届けてくれる。嵐山さんには毎年イベントをお願いし、新刊本が出るたびにサイン本も。

12月22日 午前中、荒川洋治さんが来店。ファックスで注文の本の確認である。その後、いつものように店内を回られる。

12月26日 今年もお世話になった方々に年賀状を書かなければならない。いっきに書き上げようとするがなかなかはかどらない。これは毎年同じ。午後、坪内さんが来店、古本を棚に展示していく。この棚は、坪内さん自らするので本の配列そのものにも意味があり、評判がいい。棚に並ぶ本の配列の意味を解読していくのも楽しいのだろう。

12月28日 年賀状発送。辻原登さん来店、新刊『抱擁』(新潮社)のサイン本である。忙しいなかサイン本を作っていかれる。今年は『許されざる者』(毎日新聞社)が話題になり、多くの書評や批評に取り上げられた。現在は日経新聞に『韃靼の馬』を連載している。この連載の休みは一月二日だけだと話してくれた。『波』の最新号は辻原さんの特集になっている。

12月29日 菅原文太さんから電話で問い合わせの本について、ファックスで返事を送る。菅原さんの本についての問い合わせはとても専門的ですぐに答えることができない。その菅原さん、午後に姿を見せる。問い合わせの本については、資料を確認するが十分なものではなかった。ほかの本、二〇冊ほどお買い上げいただく。菅原さんが「語り」を担当した中村哲さんの『アフガンに命の水を』のＤＶＤをいただいていたので、そのお礼を申し上げる。菅原さんの抑制の効いたナレーションが中村医師とアフガニスタンの人たちのたゆみない努力を力強く伝えていた。

年末ギリギリで品薄になった本を収品できる取次を回る。三和図書、八木書店、ＪＲＣ（人文・社会科学書流通センター）が近くにある。

12月31日 坂上遼さん来店。新刊『消えた警官』（講談社）をいただく。坂上さんが『無念

は力　伝説のルポライター児玉隆也の38年』（情報センター出版局）を刊行されときからの知り合い。

今年も今日でおしまい。出版界には、このところいいことがなかったが、来年も大変だと思う。

二〇一〇年

1月5日　一月三日より営業しているが、初日は日曜日であまり成績はよくなかった。昨日は前年より少しよかったが、これからどうなるのか予測はできない。当店の深谷君から『週間読書人』の特集が立花隆さんだと教えられる。早速、読んでみると、本屋で本を選ぶのがよい、そして当店の店名も立花さんはあげていた。そこに、立花事務所から注文の電話、在庫があったので知らせる。

取次はほとんど今日から営業だが、本格的には明日から始動。

1月13日　荒川洋治さんの『文学の門』（みすず書房）の出版記念で、「文学の時間」というテーマの講演会を行う。荒川さんにはいままで何回となく講演をしてもらっている。講演の様子はわかるようになっている。演台の椅子は高く、講演に必要なコピーはきれいに、そして、休憩時間を必ず設ける、ということだ。この休憩が重要だ。休憩後、雪崩を打ったように話の結論に向かっていくのである。

今回は、散文の言語と詩の言葉について。散文の言語はだれにでもわかるような仕組みになっている。それは論旨を理解してもらわないといけないからだ。だが、それはある意味、本当の自分の言葉ではない。自分の感性をときに裏切っているのではないか。これに対して、詩の言葉は自分の感性から出た言葉だと話す。そして、両方の言葉、ともに必要だと念を押す。

1月14日 いしいしんじさんの「その場小説」の原稿を幻冬舎の編集部に渡す。以前、当店での講演の記録である。雑誌に載せるのだという。講演のタイトルは「本」だった。

1月16日 国書刊行会の永島さん来店。ようやく山尾悠子さんの新刊『歪み真珠』が刊行されるという。『山尾悠子作品集成』は九〇〇〇円以上もするが、一八〇〇冊以上も販売させてもらったことがある。そのときから同社編集部の竹中さんに、山尾さんのサイン会の相談を持ちかけていたが一〇年以上も経つ。それが実現することになったのだ。三月十三日の土曜日に決まる。機が熟する、という言葉が浮かんできた。

こちらもとてつもない本です、と永島さん。松山俊太郎さんの『綺想礼讃』だという。松山さんには熱烈なファンはたくさんいるが、その著作はほとんど出版されていないので、時宜を得た出版だと思った。小栗虫太郎についての紀田順一郎さんとの対談も収録している。その場で、松山さんのイベントをすることが決まった。七〇〇〇円ほどするが、会場でサイン本を購入した読者にはイベントに参加してもらうこともまとめる。

石田千さん来店。この三月一日からリニューアルされる「ふくろう店」での六日間店長をお願いする。面白そうなのでやってみると石田さん。東京堂書店の朝礼にも出てみたいというので驚く。目をくりくりさせて承諾してくれた。

1月22日　田中栞さんから「豆本づくり」フェアのチラシが届く。田中さんの手作りのもの。当店の畠中が担当のリトルプレスを、「ふくろう店」に移設する計画に時期が一致、そのイベントとして展開しようということになっている。その期間、田中さんが、「豆本ワークショップ」、「豆本作り」から、と豆本についての何でも相談という催しを企画してくれたのであった。三月からで、石田千店長とともに楽しみは増えていく。

1月25日 立花隆さん来店。いつものように多くの本を求めていただく。

書評の書籍コーナーで品薄の本の補充。近くにある取次に在庫を問い合わせ、在庫のあるものを注文する。

1月28日 週間読書人の湯田さんから電話。田原総一郎さんの新刊『田原の眼力』(扶桑社)をメインにして、『週間読書人』掲載のための公開対談を行いたいという。出席者は、田原総一郎さんに水口義朗さん、司会は週間読書人主幹の植田康夫さんが務めるという。もちろん快諾。開催日が来月の二月十七日ということで、あまり時間がないので、告知を急ぐことになる。

2月5日 坪内祐三さん来店、坪内コーナーに本を補充していただく。

2月6日　いま、出版界での問題のひとつが、書店からの返品率の大きさがある。書店も資金繰りの関係で、仕入れを売り上げに見合った水準にまで下げるには返品するしかない。当月の取次からの請求を見てあわてて返品しても間に合わない。返品額は次の仕入額との相殺になる。ある意味、取次がイニシアティブを持っている。書店だけの責任ではない。返品率は五〇パーセント近くになっている。出版社や取次にストック在庫が出版部数の何パーセントあるのかはっきりしないが、多くは書店の在庫として処理されているのである。雑誌は当月号をストックしてもあまり意味がないので、破損本取り替えなどの事故対応のためのストックぐらいではないのかと思う。

出版社にも取次にも資金繰りは当然あるので、物流は書店だけに関係しているのではない。書店が送品の五〇パーセント近くの在庫を持たなかったとして、この物量はどこにストックされるのであろうか。もちろん書店の責任で仕入れ部数を誤ることはある。しかし仕入れがすべてではない。掛を落としたとしても、買切にすれば仕入れは確実に減る。返品できるとはいえ、それでもリスクの高い「35ブックス」(仕入は価格の三十五パーセント引き、返品は三十五パーセントで引き取り)では注文はあまりない。すべてが「35ブックス」だとすると、出版社はその在庫をどこに置いておくのだろう。

そして、本が売れないという状態が続くなかで、出版社は次から次へと本や雑誌を出版しているが、その資金はどこから出てくるのだろうか。広告料をもつ雑誌を（その減少で廃刊するものもあるが）別にしても、その資金は売れる書籍の売上額から賄えるとは思われない。流通のなかから生じる時間差によってある程度生まれているのであろう。「責任販売」は書店だけの責任ではない。電子出版が全盛になれば、この問題もなくなるのだろうが、それはそれで別の問題が発生する。

もうひとつあると思う。売れる著者に出版点数が集中する現象である。書き手を消費することの現象は、特に若い研究者から地道に研究する時間をなくしてしまう。先端の研究をしているときは静かに見守る方がいい。日本の研究水準が落ちかねない。

昨年の暮れ、リベルタ出版の田悟さんから依頼を受け今月の十二日に講演を依頼されている。仕事の合間をみつけては、何を話そうかと以上のようなメモ書きをしている。要領が悪いのでよく整理することにする。

2月8日 作家の羽田圭介さんが来店。文藝春秋から『ミート・ザ・ビート』刊行の挨拶である。今日は、出版社の編集者同伴でなくひとりで見えた。サイン本を作ってもらう。

大成されることを願う。

2月20日　松山俊太郎さん『綺想礼讃』の出版記念の日。このイベントに参加を申し込んでいた坪内祐三さん来店。「坪内コーナー」に古本をそろえてくれる。坪内さんが話すには、松山さんは「最後の巨人」だという。昨夜は、その松山さんと新宿で夜中の一二時頃まで一緒に飲んでいたという。松山さん、打ち合わせた時間になっても一向に現れないはずだ。姿を見せたとき、「いつもは起きている時間ではない」。安藤礼二さんとの対談で始まる。「最後の巨人」と坪内さんがいう通りだと思った。「俺以外はみんな馬鹿だ」。その話を拝聴していると、人生に興味を持たず、優れた研究のきっかけも成り行き任せといった様子、いわゆる俗を超越した人物にしてはじめて可能な言葉なのだろう。「上善は水の如し」といった風情なのか。出版に対する執着などさらさらない。齢八〇を越えて、今度の著作がはじめてのまとまったものだという。

3月1日　車谷長吉さん来店。新書館から『車谷長吉全集』全三巻がいよいよ出版されるという。その全集の案内パンフレットを届けに来たという。

3月6日　石田千さんの「ふくろう店」の六日間店長が今日で終了する。ご苦労さんでした。売り上げは思った以上にアップする。一週間一緒に仕事させてもらった。この人の包容力ある人柄には驚くばかりだった。

3月10日　福田和也さんの新刊『アイポッドの後で、叙情詩を作ることは野蛮である。』（扶桑社）が前日入荷。そのまま平台に展示する。一階の仕入れの部屋で、同書を最後までページを繰ってみる。最後に、鎌倉の小町通りにある旨い天麩羅屋に寄ったことが書かれていた。小林秀雄がよく通ったそうで、「小林秀雄丼」がメニューにあり、福田さんは、それを注文したとある。

そこで、今日の休みを利用してカミさんと出かけてみることにした。店の名前も記載されていたが、帰宅したときにその名をすっかり忘れてしまっていた。カミさんにパソコンのネットで調べてもらう。小町通りを少し行くとその天麩羅屋があった。店に入ると、確かに「小林秀雄丼」があり、三九九〇円とほかのメニューよりも高い。店員さんに聞いてみると大ドンブリだという。そこで普通の天麩羅定食にする。いままで食べた天麩羅定食では味わえないものであった。福田さんがいうには、小林秀雄は丼でまず酒を飲んでからそこに天丼を盛って食べたという。大きな丼なので時間をかけたことだろう。

　鎌倉は小林秀雄にとって快適な場所ではなかったと思う。富永太郎や中原中也、それに生活上の軋轢……。弁解もしなければ逃避もしない小林秀雄の厳しい性格が、鎌倉に自分の激しい生活を根づかせたのだろう。ドンブリに注がれた酒は、自分で飲み干すしかない。彼の酔い方からすればそうとしか考えられない。「今度は小林秀雄丼をいただきます」と、店を後にするとき、カミさんがいった。食べきれる自信はないと思ったが。小町通りを富岡八幡宮の手前まで来て、新年にお参りしたので今日はいいだろうと、そのまま鎌倉駅に引き返し喫茶店で珈琲を飲む。

　帰ってきて二階で本を読んでいると、テレビのニュースを見ていたカミさんが、「大変よ、今朝、八幡宮の大銀杏が倒れたんだって」という。その手前まで行きながら引き返してしまったことを後悔する。

3月13日　念願だった山尾悠子さん『歪み真珠』刊行記念のサイン会。一時間の予定ではじめる。山尾さんはサインを終えると、自作のカードを本にはさんでいく。そして、椅子から立ち上がっては、「ありがとうございます」とお辞儀をするのだった。丁寧なサイン会となり、時間内に終了するだろうかと少し不安になってきた。山尾さんは最後のひとりまで同じことを繰り返された。疲れた素振りは見せない。終わりの頃、京極夏彦さんが姿を見せる。二人、控え室で歓談。言葉少なく静かな方だった。

3月16日　『週刊文春』五〇冊の注文を電話で受ける。文藝春秋の江坂さんに連絡、在庫を確かめてもらう。取次への出荷では間に合わないので、そのまま麹町の文藝春秋まで取りに行く。

4月7日　今日は小沢昭一さんの講演会。中川六平さんと飲んでいて、小沢さんのイベントができたらいいという話をした。その中川さんの企画で小沢昭一さんをお呼びできることになった。「ふくろう店」では、「八〇歳を過ぎても本といっしょ」というフェアを行っている。中川さんは、児童文学作家の神沢利子さんとのふたりのジョイントフェアを考えたのだった。それぞれの著作を展示販売している最中で、その記念でもある。

小沢さんは本を書くのが苦手で、一晩中考えて寝るのは明け方になってしまうと話す。

「だって、書くことがないんだもん」で、起床は午後の二時ごろだという。今日は起きてすぐに来たのだろうか。「わたしは芸人だ」と話すように、はじめから、抑揚のある話しぶりと合間に挟んで歌う歌は集まった人たちを魅了してやまない。笑いの渦の一時間半だった。今日で八一歳と一日、と話されたが、立たれたまま話をされた。

4月16日 四月に入り春爛漫かと思いきや、天候不順で売り上げは一向に上がらない。昨年の売上データで天候との関連を調べてみると、四月に雨の降った日は三日であったが、今年は四月が終わらないのに、もう八日もある。しかも寒冷ときて、雨が降らなくても寒い日が続いている。雨が降れば氷雨という日もあった。

もちろん雨が降る日は売り上げは落ちる。在庫は減らないということである。しかし新刊本の配本はいつもの通りである。在庫過剰になるので返品しなければならない。出版社は天候をにらんでの新刊の発売日を決めない。書店はパニック状態になるのである。『1Q84』の発売日は朝から雨だった。村上春樹の新刊とあってある程度売れる。しかし、こんなことは稀である。雨が続くと返品が増える。このことは、出版社にとっても著者にとっても、もちろんわたしたち書店にとっても不幸な出来事としかいいようがない。だが、どうしようもできない。

4月19日　東京堂出版の堀川さんが、出版社の編集者による歴史書フェアのリストを持ってくる。「編集者による」という点がユニークな歴史書のフェアとなるだろう。前から企画していたが、歴史におけるいろいろな分野の研究の基本文献として欠かせない書籍は、たとえ難しい研究書でも必ず入れて欲しいと頼んできた。リストには六〇〇点ほど選書してあり、いいフェアになると思った。この夏の七月から二カ月にわたって開催することに決めた。その間に講演会もやってみようということになったが、具体的な話は次回の打ち合わせに持ち越しとなる。本格的な歴史書のフェア展示ができると期待する。

4月28日　佐高信さんと鈴木邦男さんによる対談『左翼・右翼がわかる！』（金曜日）出版を記念して、「左翼と右翼の交差点」というタイトルで対談を行う。佐高さんは『平民宰相　原敬伝説』（角川学芸出版）を、鈴木さんは『鈴木邦男の読書術』（彩流社）を新刊で出しているので、この二冊もあわせて受付で販売する。

二人の対談は、本の内容での話し合いと同様、とても和やかな感じで進んでいった。鈴木さんは、竹中労師匠の言葉で「人間は弱いから群れるのではない。群れるから弱いんだ」と教わったと話す。すかさず、佐高さんが、「それは右翼も左翼も同じ」と応じる。Extremes meet（両極端は一致する）という英語の諺があるが、まさにそういう対談になった。

このイベントの途中、いしいしんじさんが来店との連絡が入る。いしいさんからきた前のメールでは、月末に来店されるということだった。一階の店内に行くと、いしいさんは坊主頭になっている。そのまま、新刊のエッセイ集『熊にみえて熊じゃない』（マガジンハウス）のサイン本を作ってもらう。歌舞伎座の最終公演を鑑賞された後だという。

5月1日　現代思潮新社が、サド裁判五〇周年ということで品切れ状態であったサドの著作『悪徳の栄え』など書籍三点を復刊した。そこで、当店では二階の売り場で展示販売している。産経新聞の記者が、その取材に来る。新聞記事にするといって、展示コーナーの写真も撮っていった。

5月3日　テレビマンユニオンから連絡。ＮＨＫのＢＳテレビ番組「週刊ブックレビュー」のなかにある「ベストセラー」コーナーで放送したい。午前中までに欲しいという。さっそく、当店の週間ベストと月間ベストを作りメールで送る。

このところとても気になる出版物がある。

河合文化教育研究所から『廣松渉　マルクスと哲学を語る』という講演集の出版である。単行本未収録の講演集だという。講演だけに、難しい言い回しや漢語の洪水の著作と異なってとてもわかりやすい。四部構成で、「マルクス思想のパラダイム」などとなっている。廣松哲学を再度勉強するには格好の本だと思った。平積みしているがよく売れている。いまでもこの哲学者の研究者がしっかりと存在しているという心強い証拠だ。うれしい。

もうひとつは、筑摩書房の『マラルメ全集』第一巻の刊行である。「出ますよ。出ます」といわれながら数年が経っていた。筑摩の営業の河内さんに、「いつ出るのかね」と声をかけるのがあいさつ代わりになっていた。このあいさつは、みすず書房のフッサール『イデーンⅠ』の続巻（Ⅱ）のときも使ったものだった。いまは社長になった持谷寿夫さんによくいったものだ。

『マラルメ全集』であるが、最後の刊行になったⅠ巻は詩である。前回の刊行からかなりの年月が流れていて、今回でようやく完結ということになった。それはそれでめでたい話であるが、既刊分は品切れ状態ということで、いまはこの新刊しか手に入らない。河内さんは、すべて重版して揃うようにする計画だと話していた。だが、それも何カ月か遅れるようだ。あいさつ代わりの言葉はまだ終わらないようだ。高校の英語教師であったこの詩人、マラルメが世界の詩の頂点に立っている。エドガー・アラン・ポーが原書で読めるということだ。フランス象徴主義は、ポーから影響を受けたボードレール、ランボー、ヴェルレーヌを輩出した。マラルメは詩の本質に迫った。フランスは不思議な国だ。同じ頃に印象派の中にありながら絵画の本質に固執したセザンヌも輩出している。

5月13日 穂村弘さん来店。新刊『絶叫委員会』（筑摩書房）のサイン本に取りかかってもらう。穂村さんのサイン本は、サインのほかに一冊一冊にそれぞれの歌を書いていくことだ。といっても、上の五七五か下の七七のどちらかしかないのである。足りない部分は自分でつけ加えなさい、といっているようだ。しかし穂村さんの他の著書を読むと、穂村さんの作品に出会うこともある。

5月14日 大学出版会のフェアの件で、中央大学出版会の川野辺さん、流通経済大学出版会の池澤さんと打ち合わせ。中央大学には『中央評論』という雑誌があるが、それも在庫のあるものは出品していただくことにした。

5月19日　わたしの休日。後で聞くと、この日、来月の六月二十一日に予定の徐京植さんと高橋哲哉さんの対談イベントのポスターが届けられたという。そして、菅原文太さんが来店、現在、農業の振興に従事されているので久しぶりの東京堂だったと話していかれたという。

5月20日　「八〇歳を過ぎても本といっしょ」のフェアが今月末までということで、小沢昭一事務所の津島さんが来店、と思ったら、津島さんの後ろに本物の小沢昭一さんが見える。お世話になったあいさつにだという。恐縮してしまう。

5月21日　立花隆さん来店。時間をかけて店内を回る。

新書館の山川さん来店、『車谷長吉全集』の刊行が一週間ほど遅れるという。筑摩書房の『マラルメ全集』に比べればどうということはない。『車谷長吉全集』予約の客には全巻サイン入りにすることにしている。

6月5日　有田芳生さんと吉田類さんのトークショウ。有田さんの新刊『闘争記』（教育史料出版会）出版を記念しての対談であったが、酒にまつわる話で始まる。レースでいうとポール・トゥ・ウィンといった感じで最後まで酒の話に終始する。それでも話題が尽きることなく時間が過ぎて〝場外乱闘のトークマッチ〟になってしまった。『闘争記』のほうに話はいかないで飲兵衛合戦だ。それでも、いや、それだからか、酒をめぐる二人の愛すべき人柄がよく現れていた。有田さんは、いま話題の菅直人さんとは若い頃に新宿の飲み屋でよく飲んだという。菅さんも飲んだくれていたようだ。

6月9日　佐高信さんと加藤陽子さんの対談イベント。佐高信さんの『平民宰相　原敬伝説』出版記念で、角川学芸出版の小島さんに企画してもらった。佐高さんの希望で、今日の対談相手は加藤陽子さんに。加藤さんは、『それでも、日本人は「戦争」を選んだ』（朝日出版社）というベストセラーの著者である。同時に、日本近現代史が専門で原敬にも詳しい。ベストメンバーの対談となった。

6月11日　宮城谷昌光さん来店。文藝春秋から『楚漢名臣列伝』を出版されたので、サイン本をお願いしてあった。静岡からわざわざお越しいただく。本当に頭が下がる。同書のサイン本は二〇〇冊、いつも一〇〇冊単位でサイン本を作ってもらっている。新刊が出るたびに読者からサイン本の問い合わせが殺到するのである。

6月12日　今年で二回目になる文芸家協会協賛のイベント。川村湊さんの司会で、磯崎憲一郎さんと村田沙耶香さんの講演会。川村さんのリードで、それぞれの仕事と創作の関係、書くことの意味などを語り合う。磯崎さんは三井物産の会社員であるが、仕事をしていることが創作の推進力になるという話は以外に感じられた。

6月21日　徐京植さんの『植民地主義の暴力』(高文研)出版に際し、徐京植さんと高橋哲哉さんとの対談イベントを行う。高橋さんの進行によって徐さんが発言していく。徐さんは、自分の体験、つまり在日朝鮮人の立場から、自分たちの言葉や記憶がどう作られてきたのかを話しながら、「植民地主義の暴力」について批判的に話していく。聞いているこちらにも緊張感のある対談だった。

6月24日 田中貴子さんの『中世幻妖』(幻戯書房) 出版記念でのイベント。相手は奥泉光さん。中世という時代はいつ頃をいうのか、にはじまり、京都の文化と、その京と東京との関係など話題はどんどんと広がっていく。最後に奥泉さんのフルート演奏に合わせて田中さんの朗読で締めくくり。

6月25日 工作舎から『古書の森逍遥』を出版された黒岩比佐子さんが来店。体調がすぐれないと聞いているので、どう対応していいのか戸惑ってしまう。それにもかかわらず、サイン本を作ってもらう。

7月2日 『週間読書人』の湯田さんより電話。今年上半期の収穫・アンケートの依頼を受ける。講談社の鶴見さんに電話、奥泉光さんの新刊『シューマンの指』一五〇冊の予約注文。午後一番で入荷した雑誌と書籍の検品と書籍の品出し。雑誌は翌日発売なので検品のみ。文藝春秋の上山さん来店。来月の新刊の予約注文をする。単行本、新書、文庫の新刊発注なので時間がかかった。

7月8日　『週間読書人』による五回目の公開インタビュー。今回は猪瀬直樹さんの「東京都の副知事になって」。内容は『週間読書人』に掲載されるが、ひとつ印象に残ったことがある。日本の政治は、もはや党首が代わったり政権党が変わっても混迷は解決しないという発言だった。有権者は単に選ぶだけではなく、一人一人が政治に責任を持たなければならない時代になったという。

7月10日　ナビブラ神保町から取材を受ける。神保町の本屋についての記事を書くので、各書店の特徴などを知りたいとのことだった。ナビブラ神保町、というのは神田神保町の公式タウンサイト。

菅原文太さんからの連日の電話注文を受ける。昨日の書籍は在庫していたが、今日の注文はすべてそろわないものばかり。今日は土曜日なので、月曜日に発注の準備をする。

7月13日　毎日新聞出版局の山下さん来店。来月の新刊発注をする。

7月20日　石田千さん来店。嵐山光三郎さんとの五回目の師弟対談のお願いをする。

宮城谷さんより電話、新刊『呉越春秋　湖底の城』（講談社）のサイン本をお願いしていたので、その日取りについて。佐高信さん来店。取材に必要な本を探しにくる。幸い在庫あり。みずのわ出版の柳原さんより電話、九月の当店でのイベントと新刊注文をする。

7月22日　鹿島茂さん来店。神保町から住まいを変えられ寂しいが、それでもよくここまで足を伸ばしてくれる。左右社の小柳さんがイベントの件で来店。片岡義男さんの新刊『階段を駆け上がる』記念の対談。坪内祐三さんの「坪内コーナー」では、常連の人だ。片岡さんの新刊から古本までよく並んでいる。いま、岩波書店の『図書』に「散歩して迷子になる」というエッセイを連載中。そこで、小柳さんに、神保町ではペーパーバックの古本屋さんと三省堂書店しか出てこない、東京堂書店はご存知なのかねといってみた。「新刊の中に東京堂書店が出てきますよ」といって、小柳さんは帰っていった。

7月24日　三階で行っている「編集者のおすすめする『歴史と出会うこの1冊』フェア」を記念してのイベント。「歴史は戦争体験をどう描くのか――歴史と出会うということ

――」がタイトルで、大門正克横浜国立大学教授と安田常雄国立歴史民俗博物館教授の二人が語り合う。「聞き書きという方法」について問題にされた。聞き取り調査のむずかしさは古くて新しい問題である。聞く側がイニシアティブをとってしまうと、質問すること以外の事実が明るみに出てこない場合がある。話す側と聞く側の互いの問題意識の客観的接点はあるのか。そうしたことが検討された。

7月27日　筑摩書房の河内さんと新刊発注の打ち合わせ。午後、集英社の水島さんに新刊発注をする。

7月29日　菅原文太さん夫妻来店。相変らず専門的な書籍についての問い合わせ。何冊かを見つけることができた。結構な分量になる。「重くなりましたが、だいじょぶでしょうか」というと、「だいじょぶだよ」といわれ、ひょいと持ち上げエレベーターにも乗らずに階段を下りて行かれた。坪内さんが文藝春秋の細井さんと来店。探している本があったようで一安心。

8月5日　出社してみると紀田順一郎さんから封書が届いている。新刊の出版予定をうかがっていたので、その返事だった。平凡社の牧さんに、紀田さんの新刊『幕末明治怪物伝』の予約注文。

8月6日　角川書店の吉田さんからサイン会の電話連絡、日野原重明さんと金子兜太さんの新刊、対談『たっぷり生きる』の記念サイン会だという。お二人とも九十歳を越えていると思う。その方々のサイン会だなんて、降って湧いたような提案に戸惑ったが、すぐに了承。しかも、これから編集部員と打ち合わせに来店するという。約束の時間は夕方の五時。その時間になり、坪内さんが両手に古本をもってやってきた。「坪内コーナー」の補充だ。お礼も言えず残念。それにしても、日野原さんと金子さんのサイン会をなぜ当店で行うことになったのか。聞くと、金子さんの俳人仲間の黒田杏子《ももこ》さんの斡旋だという。黒田さんなら長いつきあいがあり納得する。それにしても、お二人同時のサイン会は初めて。サイン会場をどこに設けるか、その検討を急ぐことになった。

七月から今月も猛暑が続いている。テレビのニュースでは、暑くて出歩くのが大変だということで、出前配達が大盛りだという。書店でいえば、それほど配達注文はなく、客足も落ちている。それでも、なんとか八月にはいって売り上げは少しずつ持ち直している。それにしても暑い。景気は低迷、デフレ傾向が収まらない。外食産業の値引き合戦が再びはじまったようだ。本は値引き販売ができないので、景気が持ち直さないことには売り上げは維持できない。

取次によれば七月はコミック雑誌、単行本以外は、すべて前年を割っているということだ。当店では、いろいろなフェアやイベントをやっているが、前年並みが精一杯というところ。活字離れという傾向に加えて、この猛暑という気候でこの夏はいつもより厳しくなっている。前年の出版界の売り上げ統計では、二兆円を割ってしまったという。雑誌・書籍の売り上げは下降線をたどっている。このところは電子書籍の話題でもちきりである。出版物でもそのての書籍が一気に出回ってきている。紙の書籍はなくなることはないだろうが、その規模は確実に縮小されていくだろう。こうした状況で書店は生き残っていく道を探らねばならない。

と、そんなことが頭から離れることのない日々。

8月16日　前週はお盆休みで出版社、取次ともほとんど休業。今週土曜日の嵐山光三郎さんと石田さんのイベント用の書籍を今日から発注しなければいけない。嵐山事務所から二点の書籍販売をすでに承っているので電話注文。石田千さんのほうは点数が多いのでトーハンに発注。石田さん、このところ新刊本が続いている。夕方、立花隆さん来店。その前に電話で問い合わせのあった至急の書籍が手にはいらず申し訳ないことをしてしまう。

8月19日　『週刊文春』の「私の読書日記」は立花隆さん。「長崎にて」とタイトルにある。それだけに長崎が読書のキー・ワードになっていて、長崎、原爆、戦争の書籍が選ばれている。長崎は、立花さんのライフワークに違いない。長崎文献社という出版社の書籍が二点出ている。連絡すると注文可能な出版社であることを確認。

9月4日　みずのわ出版から『島―瀬戸内海をあるく　第2集　2003-2006』という書籍が出版されたのを記念、著者の斉藤潤さんのトーク&サイン会を行う。題して「写真で語る瀬戸内の島々　vol.2」。季刊『しま』の編集長の三木剛志さんのナビゲートで、瀬戸内海に浮かぶ島々の紹介、その後でスクリーンを見ながら斉藤さんが説明をしていくのである。日本で島と呼ばれるそのうちの一割が瀬戸内海にあり、有人島となると三割になるという。地図が今日の資料として配布されているので、位置関係がわかるようになっている。瀬戸内海の島々が、次のように紹介されていく。

前島——畜産業を営み始め、その畜産業が拡大していくにつれ、国立公園の自然保護に抵触するために断念したという。経営者が島を去り、一〇年後には無人島になる可能性があるという。

豊島《てしま》——弘法大師伝説がこの島にもあり、大師めぐりで有名。ここの霊場はほかの島と違い、寺の管理ではなく地域住民がしているという。水がきれいな美しい島だが、香川県が産業廃棄物の許可を与えたために、タイヤのシュレッダーなど約五十六万トンの廃棄物が持ち込まれ公害を引き起こしてしまった。

長島——ハンセン病の療養所があることでよく知られている。平成八年（一九九六年）に「らい予防法の廃止」が決定された。不治の病ではないことが明らかにされた。長島愛生園と邑久光明園があり、かつては終生隔離という刑務所同様のあつかいで、その厳しい時代に生きた人々がいまなお住んでいるという。

本島——船方衆といわれる人々が活躍し明治の幕開けに寄与したという。裕福な海の人たちが造った伝統的な古民家建造物がいまも多く残存している。

直島——金属精錬所が古くからあり、日本の精錬産業の中枢的存在だという。町の財政は豊かである。ベネッセアートサイトなどモダンアートの展示でも有名。安藤忠雄設計の地中美術館があるという。

大崎下島——農業の島でみかん畑はとくに有名。大長《おおちょう》みかんといって東京でも出回っている。ここでは、舟は漁船ではなく農船といって周辺の島々に舟で出かけ、みかん畑を作って集荷している。

瀬戸内に散在しているとはいえ、そんなに離れていないのに小さな島々はみな違った生活を営んでいる。島の研究は尽きない。これからも島の本は出し続ける。その言葉でイベントは終了。

9月5日　本日は休み。いつものようにＮＨＫ３チャンネルの「日曜美術館」を見る。

昨日、当店で瀬戸内海の島々といったイベントをやったばかりだが、その島々で瀬戸内国際芸術祭２０１０が七月から開かれている。海外からのアーチストたちも参加で、聞いたばかりの豊島や直島での展示の特集だった。二日続けての瀬戸内海となる。

9月15日　かねてから進めていた日野原重明さんと金子兜太さんの対談『たっぷり生きる』のサイン会の日がやってきた。段取りだけは念入りにしたつもりだが、金子さんが数日前に入院するというアクシデントに見舞われたのであった。いわゆる想定外の事態で、角川書店のスタッフもわたしどもも動転してしまった。サイン会には慣れていたつもりであるが、二人のサイン会ははじめてということで、このあたりから暗雲が立ち込めていたのかもしれない。だが、日程は変更することはできない。そこで、金子さん直筆の短冊を黒田杏子さんから配ってもらい、そこに金子さんの落款を押すということにしたのである。ホームページでお詫びの告知を出し予約された方々に知らせ、新たに予約される方にもその旨ご了解を願った。

しかし、サイン会はやはり二人で行われるという事態は変わらない。いつもの場所では無理だ。長いテーブルを引っぱり出し店内を引き回してみた。新刊台の近くで入り口からあまりはなれていない場所に決める。ここなら長い列ができてもそう混乱することはないと思った。

日野原さんは三〇分前に到着、そのあと黒田さんがすぐに姿を見せた。「そうなのよ、佐野さん、わたしが、絶対に東京堂書店でって、いったのよ」と顔を合わせるなり、黒田さんは声をあげ、わたしの肩をぽんぽんと叩く。ありがたいことです。そう思ったのもつかの間、大きな問題が立ちふさがっていたのだった。

今日という日を迎えても、サインの予約者は三〇人ほど。開催時間が迫ってくるのだが、店内は盛り上がらない。時間になり、お二人をサイン会場に案内してはじめるのだった。こちらは必死に店内の客に、このサイン会の呼びかけをする。この状態では時間は持たない、あれこれ思案していると、店内の呼びかけとは関係なく、カウンターに平積みの『たっぷり生きる』がつぎつぎに売れていく。レジが混乱状態になっている。一五〇冊入荷しているが、これではサイン会に足りなくなりそうだ。考えてみると、サイン会の前から売っていたのであった。新刊台に平積みしていたことに気がついていなかった。二階と三階のフロアーに問い合わせながら在庫を集めてみるが、六冊しかない。万事休す、か。そのとき、角川書店の吉田さんが、「佐野さん、これ！」といって新刊台を指差した。ブラボー！　吉田さん、二十一冊確保である。

そのサイン会、日野原さんはサインし終わるとひとりひとりと握手しながら力強い声で応対している。ニコニコ顔である。九十九歳の長寿にあやかってか、全員が握手を求めていく。「落款はあたしじゃなきゃダメって、金子先生がそういうのよ！」と黒田さんは話しかけながら力を込めて押していく。
終わってみれば大成功だった。

9月17日　夜、坪内祐三さんと二人で飲む機会を得る。話しているうちに、鎌倉の小町通りの飲み屋は夜の九時に閉まってしまうという話題になっていた。古都鎌倉ではそうした決まりがあるのだろうということになった。決まりは他にもあるに違いないと話は広がり、その挙句、ゴミの分別の話になっていた。自分が住んでいる所はゴミの区分けは七種類ぐらいあると坪内さん。自信に満ちた口調だ。坪内さんは自分でゴミを出しているとあって、こちらは何もいえなくなった。わたしは三種類しか知らないのだった。いつの間にか焼酎瓶を一本空け、さらに一本追加していた。最後は二人で雑炊をわけて食べる。

今年の「読書の秋」に、新シリーズがいくつか企画されている。
筑摩書房からは、創業七〇周年企画の「筑摩選書」が十月に刊行される。かつて「筑摩叢書」というシリーズを出していて、研究のための参考文献ともいえる書物がそろっていた。今度の「筑摩選書」の創刊のことばのなかに、この「筑摩叢書」にふれていないが、「じっくり思考を深めるためには、知識の蓄積としての叡智が必要です」と宣言している。「筑摩叢書」には古典的な書籍が数多く入っていたが、「筑摩選書」の刊行ラインナップを見る限り異なったポリシーで企画されているようだ。内田樹（『武道的思考』）、小谷野敦（『現代文学論争』）といった研究者の名前が並んでいる。現在の視点からいろいろな知識を思考してみようということなのかもしれない。「筑摩選書」存立の鍵は、現代の研究者の知識の蓄積にかかっているということになるのだろう。

ポプラ社からは、国民読書年特別企画「百年文庫」が創刊されている。全一〇〇巻の予定であるが、創刊時に一挙五〇巻が刊行された。書店にとっては展示が大変だ。内容は日本と世界の文豪一五〇人の傑作短編アンソロジーとなっている。最初の巻の『絆』には、海音寺潮五郎、コナン・ドイル、山本周五郎の三人の作品である。往年の文豪ということで現代作家は入っていない。古典的な文学に触れてみようという企画だが、短編集ということで、かつての文学全集のような重厚な企画とは異なる。古典から文学に興味を持って更なる読書へといざなう、そんな入り口なのかもしれない。

ＰＨＰ文庫がいままで取り扱わなかった文芸関係の文庫をラインナップに載せている。

幅広いジャンルをあつかい定評あるPHP文庫だが、文芸ジャンルの刊行を始める。文庫にさらに厚みを増そうというところか。実業之日本社からは、いま人気の作家によるエンターテインメントの文庫が刊行された。話題を呼んでいるのが、東野圭吾著『白銀ジャック』で文庫書下ろし作品という。佐伯泰英著の書き下ろし時代劇シリーズ（「居眠り磐根江戸双紙」）は大ヒットしているが、現代作家の文庫書き下ろしの時代がきたのだろうか。

今年は記憶に残る全集も出版された。『マラルメ全集』の最終巻の一巻が出てようやく完結。この第一巻は詩集で一番重要な巻だけに、念入りな時間を要したということだろう。筑摩書房は『ボードレール全集』、『ヴァレリー全集』を刊行していたこともあり、これでフランス象徴詩の三人の全集を刊行したことになる。藤原書店からは、『ゾラ・セレクション』（全九巻）の美術論集が出て完結した。すでに『バルザック全集』も刊行しているのでフランス作家のシリーズでは定評がある。

日本の全集では、『野坂昭如20世紀断層』全五巻＋補巻が幻戯書房から刊行された。著者八〇歳の記念出版ということ。野坂昭如の小説については、国書刊行会から長編、短編別々ではあるが集成（『野坂昭如リターンズ1〜4』）が出ている。幻戯書房は『野坂昭如単行本未収録小説集成』ということで、いままで単行本になっていない小説が一万枚もあると聞いたときは驚きだった。そうした作品を可能な限り網羅して集成したということは出版活動として注目に値する。造本も貼箱入りで丁寧なつくりになっていて、幻戯書房ならではの上品な集成になっている。

新書館刊行の『車谷長吉全集』全三巻は貴重な企画。私小説はもちろんのこと、その後の史伝小説、俳句、直筆の絵に随筆、評論とすべてが収録されている。この全集以後に出版される作品は、著者没後第四巻として出版する契約を出版社と結んでいるという。新境地に達し、ますます期待される作家なのであと一巻で終わるとも思えない。箱入りでしかも本は天金になっている。

河出書房新社から、この十月から『田村隆一全集』全六巻の刊行が始まる。現代詩の巨匠ともいうべき詩人の全集で、吉本隆明の「推薦不要の弁」というのもいわずもがなの必須の詩人というところだ。長谷川郁夫責任編集が信頼感を増している。

やはり十月、水声社から『小島信夫批評集成』全八巻の刊行が始まる。評論家としていま注目を集める作家の、現在ではほとんど入手がむずかしい作品が全八巻によみがえるという。

III

本をめぐる話

——書店は誰のものか

仕事をしていたときには日々の作業に追われて、仕事としているはずの事柄をじっと考える時間もなかった。いまは落ち着いて本のことが考えられるようになった。とはいっても、やはり長年の仕事の体験からではある。

本という字がどのようにして生まれたのかという漢字のことをいいたいのではない。それは白川静さんのその向きの本があるので調べていただきたい。本というものが紙でつくられたものという意味では、まず紙が発明されていなければならない。しかし記録という意味では、それよりはるか以前からある。

粘土板や竹簡とか羊皮紙、絹といったものであり、あるいは石に彫り付けられたものもある。粘土板や石は割れたりかけたりして完全なままのものはあまりない。竹簡や羊皮紙、絹といったものは、巻物にして保存することが多く現在でも第一巻、第二巻などといわれるが、したがって最後まで読むことがあまりないにもかかわらず、各巻ともとりあえずはじめの部分は開かなければならない。途中を読もうとしてもはじめから解いてゆかなければならないため、はじめの部分が痛みやすく、なくなってしまうこともある。

とにかく原本はひとつしかないため、複製は写本に頼るほかない。しかし現代のようにコピー機はないのだから書き写すしかない。そのため間違って書き写す可能性がある。原本がはっきりしない場合には、いくつかの写本を比較交合してみる必要がある。世界的な古典といわれている「源氏物語」は、原本が発見されていないということを聞いたことがある。和本には紙の質、用紙の折り方、本の綴じ方などに特徴があり、どれが原本の時代に近かったのかそれらによって特定できるという。そうした学術的な研究もある。

紙は中国で発明され、原本だけでなく複製できるように木版刷りにして製本して保存されるようになった。いまでも寺院では膨大な量の仏典の版木を保存している。版木を彫るにはやはり写本と同じように原本を見ながら製作したのである。版画の応用とでもいえよう。版木は文章を彫るので、彫り間違えると面倒だ。そこだけくりぬいて訂正文字を埋め込むことになる。

江戸時代には木版で娯楽読物が普及し、浮世絵版画と共に多くの文学作品が生まれた。井原西鶴、近松門左衛門、上田秋成、滝沢馬琴、鶴屋南北、十辺舎一九、などなどである。この時代以降読本といわれる物語が販売され、現代の出版業界の雛形ができあがった。

現在の活版印刷は、グーテンベルクの発明によるものであることは周知のとおりである。ただしそのころ出版されたのは、聖書や古典の作品であって現在の出版界のような有り様とは異なる。ことにルターのドイツ語訳の聖書は活版印刷の発明によって広まったといわれている。またその聖書のドイツ語が後のドイツ語の規準にもなった。学生時代、ドイツ語を学んだときの例文に、よくルター訳の聖書からの引用があったことを思い出す。しかしルターがあれほど反対した免罪符も刷られたということである。

版木のように木版に文章を彫っていくのとは違い、活字は一字一字が分離しているのでどのような文章にも対応できる。行送りは面倒だが、誤っても活字を差し替えればすむ。したがってマテリアルがあれば大量に製作できるのであるが、グーテンベルクの発明以来三〇〇年ほどはそれほど発展しなかったといわれている。供給体制はあっても、需要があまりなかったためだといわれている。それほど読者がいなかったためであるが、十九世紀になると飛躍的に出版産業が発展し現代に至っている。日本ではちょうど明治時代であり、確かに新聞の発行、福沢諭吉をはじめ啓蒙的な書物や、二葉亭四迷、幸田露伴など近代文学の幕開けであった。そしてそれに応じる読者、つまり需要もあった。こうして需要が拡大され、供給体制との均衡的拡大が始まったといえる。

本は著者が著して、それを出版社が出版し、読者がそれを読む。その間にさらに取次と書店がある。著者と読者の間に介在する業態はそれなりの役割をになってできあがったものだ。本来この連鎖は必要があって有機的に形成されたはずである。つまりそれぞれが存在理由をもっているということである。

書籍の新刊点数は八万七七六点

本ができたときにどのように読者の眼に触れるのかということについて述べてみよう。現在の供給体制は、まず著者がいて、出版社が本を製作して、販売会社といわれる取次が書店に本を供給する。それを読者が購入する。こうした形態を基本に毎年「出版年鑑」という統計が出ているが、出版ニュースによる「『出版年鑑２０１０』年版に見る書籍、雑誌、出版社」というのを見てみよう。これは前年（二〇〇九年）に出版された本の統計であり、それ以前に発行された膨大な数字は含まれていない。

書籍の新刊点数は八万七七六点であり、推定発行部数は十四億一三三三万冊である。これに対して雑誌は週刊誌、月刊誌を合わせて発行部数は三十五億六三五一万冊であり、その点数は四二一五点である。雑誌の点数は書籍に比べて圧倒的に少ない。しかも雑誌の発行点数で一番多い分野は、医学・衛生・薬学の四三四点、次が工学・工業の四四二点などとなっている。いわゆる専門雑誌の点数が多数を占めている。

一般書店でよく見かける諸芸・娯楽が一七一点、文学・文芸は一〇一点、音楽・舞踊も一〇一点となっていて、一番目立つ女性誌は七四点しかない。専門雑誌の発行部数は点数のわりにそれほど多くないとすれば、趣味・実用関係の雑誌の発行部数はかなり多いことがわかる。雑誌の発行部数を占める週刊誌の発行部数は十三億八三四七万冊となっていて、その点数はさらに少ないであろう。こうしてみると雑誌の一点当たりの発行部数は書籍の比ではない。

さらに雑誌には発売協定があり、全国どこの書店でも発売日に同時に販売するという決まりがある。そのために販売会社は各地域に支店をもっていて深夜便でそこに運び、そこから全国津々浦々に配本しなければならない。それは新聞も同じである。大変なことであるが、販売会社はそのノウハウをもっている。地域ごと、書店ごとに配本のテーブル、つまり配本表をもっていて、それにしたがってタイトルごとの配本部数を決め、書店に配本する。配本のテーブルは各書店のそれまでの販売実績の履歴によって決められいつも一定ではない。

雑誌についてはこの大量輸送はかなりうまくいっている。しかしすでに見たように書籍は多品種に加え一点の発行部数が雑誌に比べて非常に少ない。さらに書籍は単発なので雑誌のような前号の売り上げ、前々号の売り上げといったような参考資料がない。そのジャンルの販売実績とか、その出版社の売り上げ部数などを参考にするよりない。いちばん参考にするのが各書店の売り上げに見合った配本である。いわゆるランク配本といわれる配本表である。これがあまりきめ細かなものではないので、うまくいかない。

普通書籍の発行部数は大手の出版社は別として、二〇〇〇部から三〇〇〇部である。もし一部ずつ書店に配本したとしてもすべての書店には行きわたらない。

現在雑誌についての配本は販売会社がそのイニシアティブをとっているが、書籍については出版社が営業部をもち、各書店をまわって予約注文をとるのが一般的である。販売会社はランク配本用に書籍を仕入れるが、返品のリスクを少なくするために仕入れ部数を絞っている。したがって各書店に配本される部数は極めて少ない。出版社は出版部数をなんとか販売ルートにのせないと新刊なのに在庫の山を築いてしまう。販売会社が仕入れ部数を絞ると、出版の営業が書店から注文をとって販売会社に納入するという「いたちごっこ」現象が起きている。

現在の輸送・配本形態は少ない点数で大量部数を処理するのには向いているのだが、多品種少量部数を処理するには向いていない。雑誌と書籍では、点数と部数がそれぞれ反比例の関係にある。この形態からすれば、雑誌には向いているが書籍には向いていないということである。同じ形態で相反する物量をあつかうことに無理があるといえよう。

出版社・取次・書店の三角関係

しかし書店としては、売りたい本がほとんど入らないというのは困るので、出版社の営業に頼んで仕入れをする。各書店はそれぞれの品揃えを生かして、その向きの新刊があれば独自に仕入れて販売する。この仕入れも出版社には発注するが、取次をとおす契約をしているので、そこから仕入れることになる。したがって出版社から書店に届くまでに数日かかる。この体制は、お客から注文を受けたときも同じなので、従来からこのタイムラグが問題になっている。ネットで注文した場合でも、あらかじめ在庫していなければやはり出版社から仕入れなければならない。

日本の本には外国にはない特徴がある。再販制という制度である。本は文化財であって、日本国内平等に手に入れる環境になければならないということで、販売価格を変更してはならないというものである。一般的には独占禁止法に触れるのだが、特例措置ということで本や新聞には再販制が認められている。このため、一度仕入れた本が売れなかったからといって、勝手に値段を下げて売りやすくしようとしてはならない。外国の場合は、再販制がないのでそうしたことができる。外国に限らず日本でも洋書は値段を下げて販売することができる。

しかし外国の本の仕入れは、ほかの商品同様買い切ってそれを販売しているので仕入先にもどすことができない。売れ残ると在庫がかさんでしまうので値段を下げるのである。しかし日本の場合には、委託制になっていて返品ができるようになっている。値段を下げて販売しながら在庫を減らすのではなく、取次を通して出版社に一度返品することによって在庫を減らすことができるようになっている。必要なときには再度仕入れて販売するのであるが、このとき前の値段どおりで販売しなければならない。

少し込み入った話になるが、もう少し述べておこう。委託制度では仕入れた本は、一定期間内ならば返品できるのであり、いわば一定期間預けおくことが可能である。ただし返品には大方期限がある。取次は出版社から仕入れた本を書店に配本するが、出版社に対して仕入支払いをしなければならない。取次はこうしていったん出版社に支払いをするのだが、委託していた本が返品されてもどってきた本は出版社に返すことになる。このときすでに仕入支払いした額から返品した額を返済してもらうことになるが、それが完済してしまうともう書店からの返品は受けられない。この完済終了までの期間が一定期間を左右している。

ところが出版社は次の新刊を出版する。そうすると取次はその新刊の仕入支払いをすることになるが、それが前の仕入支払いが完了する前に次の新刊を仕入れることになると、前の返品額を請求すると同時に、次の新刊の仕入支払いをも平行しておこなうことになる。そこで取次は結果的に前の返品額請求と今度の仕入支払額との相殺をすることになる。もちろん前の返品額と今度の仕入額が同じになることは極めてまれなので、差額が出版社か取次のどちらかに残ることになる。出版社に対して取次が過払いのまま続くと困るので取次は仕入支払いを止めることもある。出版社と取次とはその関係の連続である。音楽でいえば輪唱のような形態になる。

では、取次は仕入れの費用をどこから得るのか。取次は書店に本を配本しているので、今度は書店に送品した額を請求することになる。書店が取次に支払いをするためには、売り上げの中から捻出しなければならない。それがうまくいかない場合には、仕入額を落とさなければならないので、返品との相殺が必要になってくる。

出版社、取次、書店の間の支払い関係には仕入形態や相互の時間差などがありもっと複雑に関係しあっているのだが、おおかたそうした形態になっている。現実にはいわば複雑なフーガ形式になっているようなものである。

現在では書店からの返品率が高いことが問題になっている。出版社が本をつくって、取次が仕入れ、書店に配本するという相互連関からすれば、それぞれの場所で問題があるようだ。返品が多いということは、供給過剰ということがまず考えられる。需要がそれに追いつかないので需要・供給の均衡点まで供給を落とす必要がある。出版社の数は、毎年出版物の売り上げが落ち、その数も減ってきているとはいえ、三九〇〇社あまり存在している。

それぞれが独自のポリシーをもち出版の自由を標榜しているなかで、各出版社相互が取り決めをしながら発行部数の需要・供給の均衡点を決める会議をするとも思えないのが現実である。出版社の夢はいつかはベストセラーを出すことである。確かにベストセラーが生まれれば需要が伸びるわけで、供給もそれにつれて増大するので、均衡点の位置は上昇する。出版社は需要に応じるように増刷を繰り返す。しかし需要と供給には時間差があり、需要が冷えつつある時点で増刷も停止できればよいが、その決断がうまくいかないとベストセラーだっただけに、今度はまた返品の山を築くことになる。

あるいは、出版した本が売れなかったときには、次の企画を考えてさらに新刊を出版する。出版された本には、ベストセラー、かなり売れた本、採算のとれた本、売れなかった本などいろいろある。現在の出版界では採算をとれただけでも成功といわなければならない。現在返品が問題になっているということは、売れていない本が相当あるということである。書籍の返品率が四〇パーセントを超えるということであるから、一〇〇冊のうち四〇冊以上が返品されているということである。このなかで、かなり売れた本と採算のとれた本があるとすれば、採算のとれなかった本の返品率はもっと高いことになる。

しかも出版点数は、売り上げとは反対に年々増加している。売れないから次から次へと出版するという構造になっている。採算のとれた本とそうでない本との比率が大きければ、売れなかった本が多いということである。この関係は書店と出版社を循環していて、売れない本は店頭に置かれる期間が短い。しかしその種類は多いので次から次へと出版されて市場に出回る。本の寿命が短くなった原因のひとつは、とりもなおさずこうして次から次へと本が出版されるということにもある。書店には置ききれないので、短期間で売れないと店頭から姿を消してしまう。あるいは本当に必要な本がなくなってきているということかもしれない。時間をかければ売れるようになる本もあると思うがその猶予《ゆうよ》がない。結果売り上げは伸びず、出版点数の増大だけが残る。専門書は本来時間を超えて必要とされるものが多い。ところが現実には時間のなかに投げ込まれては消えていってしまう。

取次は、すでに述べたように書籍の配本についてはうまくいっていない。そうだとすれば、書店の側に本を選ぶ力がなくなっているということも考えられる。本のことを知っている書店員は意外と少ない。年数だけを重ねて、場馴れしてしまった書店員が力を持ってしまうと、部下に目利きがいても社内体制がうまくいかないし、出版社との対応にも齟齬《そご》をきたす。しかし店員もまたあまり本のことを知らないというのが書店の現状であろう。それは書店員のせいばかりではない。毎年出版される新刊の点数は、すでに見たように膨大なもので、とても覚えきれるものではない。ジャンルの担当を受けもっていても、なかなか覚えきれない。

しかも書店の売り上げは、活字離れだとかネット販売に食われていることもあって、年々下降気味であり、やむなく時間延長、年中無休体制になっている。つまり店員は自分の時間をもって、本について勉強する時間がほとんどないのが現状である。あとは販売経験によるしかない。この著者は前に売れた著者だからとか、時事問題や、いま世間で話題性のあるものだからとか、出版社の販売促進に応じてみようと考えながら仕入れている。こうしたことを繰り返していると、ほんとうにいい本の発掘ができなくなってしまう。その結果、どこに行っても同じような本が並んでいるということになる。

本をよく読むといってもエンターテインメント系が圧倒的に多い。書店員が選ぶ本とか、書店員のお奨めといってもそのジャンルに集中している。そのジャンルの出版点数も結構多く、解説を専門にしているプロでさえも追いきれない。書店員に発掘される機会は確かに多くなっている。しかし、著者の立場からすれば、書店員の特権で取捨選択されるよりは、読者に判断してもらいたいと思うのではないだろうか。

転倒した出版文化

実はこうした傾向は書店のなかで別の問題を引き起こしているのではないかと思う。専門書の出版社が危惧しているのは、そうしたことに気をとられて専門書をしっかり売る書店がなくなりつつあるということである。もともと専門書は、売り上げ重視の書店業界では在庫の選択肢としてランクが落ちる。従って比較的売り場面積の大きい書店にかぎられてくる。

出版社も一度話題作を出版した著者に集中する。もし専門的な研究をしている著者が、たまたま本を出して売れた場合にこのような現象が起きると、研究の続行ができなくなる。もっと重要な研究ができたはずなのに、出版社がそうした機会を奪ってしまうということにもなりかねない。大げさにいえば、人類の文化の将来を停滞に導きかねない。ひとりの研究者が一年に一〇点以上も出版できるとすれば、内容が似たようなものか希薄になったものにならざるを得なくなる。比較的製作しやすい対談ものが多くなる。そして規格どおりで手軽に出版できる新書のラッシュもやってくる。

新書も本である以上本の常道を捨てきれない。いわば、起承転結をもっている。そうしないと本としての分量が足りないのである。ただしその内容は、即時的なものや即効的なものでその場の問題の対処に関するものが多く、いってみればテレビや、サイトで間に合ってしまうことが多い。つまり、起承転結の「結」だけが知りたいので、本は敬遠されがちになる。「起」は自覚しているからこそサイトで検索するのであろう。あとはその結果を知りたいので承も転もいらない。その前の起承転はパスしたいのだ。それでは困るので、新書のタイトルには読者の気を引くような逆説的なものが多くなっているというのが現状である。あるいはタイトルだけでは想像できないようなものが登場する。とにかく手にとってみようということだ。

こうした出版の状況が目立つようになると世の中はとにかく逆説的で、常識では通用しないという風潮になるのではないか。新書に限らず、特にビジネスものにこうした傾向が多くなっている。いってみれば何でもありの世界となって、どこに転んでもなにかしらの効果はあり、結局選択に迷ってなにかの評判に頼るといった風潮になってしまう。

書店は本をつくる担当ではない。本をつくるのは出版社のほうだ。ベストセラーが出るとそれに似たような本がつぎつぎと出版される。この場合、出版社はその本がまたベストセラーになるとは思っていない。採算ベースに乗り、ある程度でも利益が出ればよいと思うだけである。そこに、出版の自由や理念を見ることは困難である。

「資本論」的には価値と価格とは相互に関連している。しかし、本は再販問題も含め、文化財であるといわれている。そのため本の価値は上部構造に属しているのだろうが、価値が価格を押し上げても不思議ではあるまい。そうなると社会的な基盤の下部構造としての経済原理から分離されることになる。しかし近代経済学には価値というタームはなくて価格だけになる。価値は商品の内容との必然的対応がなく、量的な価格に集約される。つまり需要―供給原理に還元されてしまっている。本の値段は、発行部数と相関的な関係にあって、あまり高いと売れそうもないので値段を下げるしかないが、採算ベースにのせるためには部数を増やさなければならない。そうした本が続々と配本されては書店もたまらない。それを返品すると返品率が上がるといわれる。

現在の活字文化は衰退気味だといわれて久しいが、出版の発生からみれば転倒してしまった出版文化なのだから、その転機に差しかかっているといったほうがいいのかもしれない。もともと本というのは結果であり、それは必要なことを記述したものなのではないかと思う。アインシュタインの『相対性理論』や、ケインズの『一般理論』は、とてもベストセラー狙いで出版されたとは思えない。その内容が人間社会にとって必要だから本にしたのである。それが本として文化を支えてきたのだと思う。売って儲けようとして本を書いたのではない。

転倒した出版文化というのは、いま述べたように必要な内容を記述するのが本であったものを、本という製品の産業形式が必要性を要請するようになってきてしまった、ということである。必要な本を出版するのが出版社なのではなく、出版産業を維持する必要が本を出版しているというのが現状ではないかという事態にたちいたっている。そうしたなかでは結果的に、本が読者を啓発するのではなく、出版社が読者に購買欲を誘うような本の割合が多くなってきた。こうした本は、メディアの多様化によって本以外の環境に分散されつつある。そこに活字離れ現象の一端はあると思う。

必要な本を読む読者は必ず存在する。こうした読者の数は多くないが、自分に向いた本が出れば必ず興味をもつのであり、その数は昔からそれほど変わっていない。この部分の活字離れはないと思う。こうした本を出版しようとしている編集者もまた必ずいる。物を書くのは著者に違いないが、それをよい本に仕立て上げるのは編集者の仕事だ。しかし以前は小規模であってもこうした本をていねいに販売する書店があったが、現在変容を遂げて書店業界も大量販売システムにとって替わられてしまったため、大規模書店に頼るほかなくなった。

大学生が本を読まなくなっているという報告もあるが、就職が第一命題で、そのぶん卒業してから本を読む人は増えている。つまり一般人に読書家がいるということである。こうした人びとでも全員が同じ類型に属しているわけではない。研究するために読む人びとは、そのために本を必要とするのであり単なる本好きではない。社会に出てはじめて現実の仕組みを勉強しようとする人もいる。しかし本を読む習慣に取り憑かれてしまった人びとは、活字中毒ともいわれ本がないと落ち着かない。この人たちは本当に、本好きといえるだろう。

わたしが教えられたこと

一昔前には、活字中毒者が多すぎたのだろうか。本ばかり読んでいないで外で遊べといわれる時代もあった。「書を捨てて街に出よう」などという書まで出た。「雨の日には本を読もう」というのもありだ。さらに本の知識ばかりを蓄積しても、実社会から学ばなければ知識も役に立たないといわれる時期もあったはずだ。要は知識と実践とのバランスという常識的な線に落ち着くことになろう。しかしこの常識が人生にとって最も重要な生き方ではないかと思う。そうであれば自分の人生をどう生きていくのか、そのためにどんな本が必要なのか周囲に惑わされず、自分で選書できるようになるだろう。書店はできる限り多様な読者のために役立てるような品揃えをしておければいいと思う。昔、わたしが教えられたのは、やむなく商品を絞っても、客層は絞るなという教えであった。

同じことの繰り返しは時間の経過とともに気にならなくなり、やがて自然に実行できるようになる。それが一般的には習慣といわれている。習慣とは異なった環境に対しては、意識がそれに対処することになるのだが、結局それが習慣のなかにうまく入ってこなければ、絶えてしまう。生活の利便性や進歩にとって欠かせないと認識するようになると努力によって可能にしようとする。パソコンは入力に対して両手の指を使っているけれど、携帯電話の入力は親指だけで入力する。しかし最近のスマートフォンやｉＰａｄのように親指では具合悪いものも出現した。時の経過の中で、どこで習慣化したかによってうまくゆく世代とそうでない世代という事態が発生する。しかし一般生活者に対しても身体の電気信号によって、視線だけで文字を指示できる時代もそう遠くはなさそうだ。あるいはまだ模索段階とはいえ、脳波だけで指示できるような時代がくるかもしれない。そうなったら文字の入力などというレベルをはるかに超えてしまい、思ったことがそのまま現実に出現するという事態になり、それはそれで困ったことになるだろう。

ユビキタスという発想が展開されて久しい。情報ネットワークの構築によって、いつでもどこでもアクセス可能な環境を目指している。情報ネットワーク環境が、普段生活している習慣のなかに抵抗なく受け入れられるということは、生活にとってほとんど自然環境に等しくなるということである。現在でもこの方向はかなり進んでいて、生活機器や情報検索には欠かせない環境となっている。こうした状況のなかで本の電子化も進んでいる。コンピューターを使用することによって活版印刷から電子写植の時代になった。校正、編集に変化をもたらしているとはいえ、このときすでに原稿は電子化されているのであるから、その後の製作はそれほど困難なことではなかろう。しかしその間、本はなかなか電子化されてこなかった。

本の電子化がもたらすもの

本の物流をネットワーク化することから始まった。ネットを通して本を注文できるシステムが可能になったことは、まず物流の先端をになう形態を二分した。いわゆる「リアルとバーチャル」といわれるものである。バーチャルはすでに本以外では随分以前から通販といわれる方面で活用されていた。メディアを通した通販広告による販売は盛んに行われているが、本の通販広告によるというのはあまりないように思われる。インターネットによる購入システムによって大きく変わったが、本はリスト化されたネットの注文というのが主である。

通販広告は現物の説明をしながら注文をとる方式だが、ネットのリストはそこまでになっていない。個別に調べたければ、サイトで調べればよいのだが、調べ方によっては現物を一目見たほうが早いという場合もある。その場合には書店に出向くことになる。実際、興味のある本を探す場合には、書店の店頭でというのが、読者からのアンケート（『出版ニュース』）でも圧倒的に多い。もっとも通販は限られた商品しか見られないが、ネット書籍のリストは膨大なので検索によって本当に必要なものが手に入る。普通、物流といえば物を流通させることになるのだが、本には二面あって、本という物体と、その内容があり、問題はその内容が本という物体がなくても流通できるということである。形態と機能が分離するということは変化の兆しでもある。通販では物を得るためにネットを使うのに対して、本はネットを通してインストールできてしまうので物は不要になってしまう。

したがって次の段階として、本の電子化の時代がやってくることになる。読書用のインターフェースの開発によって本を画面で読むようにするという工夫がなされている。字のサイズも変えられる。指を動かすとページがめくれるような感じになるのは、本の扱いの習慣をそのまま残そうとするものである。もともとパソコンはコンピューターの小型化を追求したもので原理的にはそれほど違ったものではない。つまり電子の計算機なのである。

現象を二進数に置き換えながら、記憶素子を増大させることによって、さまざまな用途に発展してきた経緯がある。したがってその画面は、読むためというよりは計算や検索の結果を調べたり、画像を見たりするためのものである。その全画面全体に文字が張りついてしまって、読みやすいわけがない。しかし世代交代というものはあるもので、改良を重ねてそれが習慣として根づくことができれば今後大きく発展することになる。

国内でもいよいよ「出版デジタル機構」が設立のはこびとなった。新刊も含め流通書籍を早期に電子化し一〇〇万点の確保を目指すということのようだ。それ以後は本と同時に電子書籍も出回るようになる。こうしたうごきが活発化してくると出版業界も新しい時代に突入することになるだろうが、出版産業各社の足並みが揃わないとなかなか先に進まない。書物の世界はその時代年月が長く、獲得形質とまでいわないまでも本と付き合う習慣が人類の性質として続いてきたとすれば、現在のような本の形態は即座に消えてしまうとも思えない。むしろ人類は本当に紙の本を必要としなくなるのかどうかのほうが、文化の問題として研究対象になるだろう。

しかし紙の本だからといって永遠に残るわけではない。それを記述している紙そのものが寿命をもっているからである。アメリカでは図書館に保管されている図書がつぎつぎにはいえ、ページをめくることすら危ういほど劣化してしまっている書物もあるという。和紙は一〇〇〇年もつといわれているが、パルプを原料として生産される洋紙は一〇〇年足らずの寿命しかないとされる。酸性紙のためだが、中性紙にしても一五〇年程度とのことだ。現在の本はこの洋紙でできているのである。むしろ電子書籍のほうが長持ちする可能性は大いにある。しかも木材を使う必要もない。とはいえコピー紙の需要は一向に減らないという事情もある。

電子書籍のような情報機能をもったツールが、このまま発展しないということはありえない。もちろん本を何のために読むのかにかかってくるのだが、その必要性が、考えたことや、考えるために、確認したり、調べたりするためであるならば、それをピンポイントでピックアップしたいであろう。そうなった場合には一冊の本を全部読む必要はない。紙の本と異なり、本の分解が始まる。さまざまな本の必要な部分が検索できるということは、現在のようなサイトの検索とは次元が異なる。電子書籍が発展することによって、書籍の外形ばかりではなく、内容の構造も変化を受けるであろう。紙の本のように、一冊にするための分量を必要とすることもない。それでも書物の世界は、文字が記されてから五〇〇〇年ともいわれ時間的にも量的にも膨大なものである。電子書籍以前の書物をすべてそのまま電子化することから始めるのだろうが、いずれは分解できるようになり、必要な検索に対応できるようになるであろう。もっとも、以前から研究者の間ではインターネット上で最新の状況をサイトで交信しあってはいるのであろう。

いままで読んだ本でもその内容をほとんど忘れてしまったものもある。しかしわたしは読んだ本に線を引く習慣があるので、それらをたよりに記憶を呼び覚ますことがある程度できる。電子書籍でもそうしたようなことができるのか、あるいは分解された内容を検索することができるのか、本を読む習慣のどれくらいが可能になるのか、これからの使い勝手にかかっていると思われる。

ピアニストのグレン・グールドは、自分で演奏したものをいくつかのバージョンとしてつくり、それを視聴者が気に入ったバージョンに組みなおして観賞したらどうかという発想を対談で述べていた。

「もちろん、ぼくはキットという考え方に全面的に賛成です。ぼくは異なった演奏のシリーズを発売して、聞き手にもっと好きな録音を選ばせたいなあ。彼らに彼ら自身の好きな演奏をつくらせるんですよ。彼らに構成部分を全部、異なったテンポの断片を全て与えてやるんです。異なったダイナミックの変化を用い、彼らがほんとに楽しめるまで編集をまかせるんですよ。その程度にまで編集の仕事に参加させるんです。ぼくはこういうことをとてもやってみたいですね。」(『演奏芸術における感覚の拡張と発展について』、三浦淳史訳)

さまざまな書籍を分解し目的に合ったコンテクストを構成しながら、ひとつの書物を自分なりのバージョンに構成することもできるようになるであろう。これは自分で考えるためのツールとしておおいに役に立つように思われる。あるいは問題となっている事柄についてそれに関連するコンテンツを並列して検討することもできるであろう。

IV

東京堂書店店長時代

本の街

最近は大きな書店が多くなった。東京では新宿、渋谷、池袋、東京駅といった地域に林立している。神田は「本の街」といわれ、新刊書店もあるが古書店は世界一だともいわれている。神保町の交差点から九段下方面へ、また水道橋方面に、そして駿河台下方面にと多くの古書店がある。新刊書店としては三省堂書店、書泉、岩波ブックセンター、東京堂書店といったところ。駿河台下交差点に立ってみると、小川町方面はミズノやヴィクトリアをはじめとするスポーツ用品店が、ＪＲ御茶ノ水駅方面は楽器店がずらりと並んでいる。

それでも、神保町は本の街である。新宿を本の街というだろうか。渋谷、池袋にしても同じだと思う。つまり神保町は「本」の街であって、「本屋」の街ではない。神保町に一歩足を踏み入れれば、本屋一軒だけをのぞくというわけにはいかない。本にひかれて一日過ごすということになり、こんな街歩きが習慣となり、ついには人生となる。それが街というものだ。

人生なんだと思ってみる。新宿には新宿の、渋谷には渋谷の、池袋には池袋の人生というのがあるに違いない。人生は本だけではないというところが、「本の街」にならない所以だろう。本に関していえば、神保町はやはり異例なのだ。本が集まり街を形づくり、ここでは、本屋は有機的な本の集積として街化しているといっていい。このところ、表通りばかりではなく路地に入れば、個性的な古本屋が増えている。木の根のようにリゾーム的であり、森のようでもあり、血液循環のようでもある街なのだ。

「人は石垣、人は城」という言い草があるが、神保町は「本は石垣、本は城」といった風情なのだ。

新刊本は「方丈記」か

「ゆく川の流れは絶えずして、しかも、もとの水にあらず」。方丈記の冒頭であるが、「同じ川の水に二度入ることはできない」というヘラクレイトスの言葉もある。書店の書棚に並んでいる本の数々も同じようなことである。

新刊の並んでいる場所では、日々、その構成が変わっていく。本の顔が変わっていく。本の洪水といわれるが、鴨長明のように空しいと感じるか、ヘラクレイトスのように自然の摂理と理解するか、それはだれかが決めることではない。しかしそれは現実である。次から次へと新刊が刊行されている現在では、とにかく店頭に展示しなければならない以上、仕方のないことである。その川の流れが速度を増してきているというのも事実である。

出版不況といわれて久しいが、出版社もベストセラーやロングセラーを出そうとし、しかし、それが実現しない。そんな昨今の状況のなかでつぎつぎと新刊が出てくるのである。一点一点の売上部数は落ちているのに、あるいは落ちているために、出版点数は増える傾向にある。これは読者の多様化などというものとは違う。

一概に本といっても、一本調子にはならない。本は多様だ。活字離れといって、本が読まれなくなったことに警鐘を鳴らす傾向があるが、本の役割にはいろいろな性格があり、そのなかでほかのメディアで間に合うものはそちらで用が済んでしまう場合がある。パソコンを使った手軽な検索である。歴史的な出来事、あるいは人物について単純な事実だけを調べる。それだけで満足するということだ。しかし、本は本である。本でしか表現できないものが本として出版されてきたのである。有史以来、この本の歴史は永い。記録としての本ができてからを有史というのかもしれない。永い歴史を持つ文化形態が突然なくなるというイメージはわいてこない。古典として読み継がれていくのが本なのかもしれない。

新刊を平台に並べていると、そんなことを考える瞬間が多くなってきている。

数値より経験

新刊台には日々、新刊を積んでいるが、目に見えて減っていく新刊がある。そうした場合、その新刊本の位置はできるだけ変えないようにしている。もちろん本の内容によるが、その本を手にとる、あるいは目につく、または買ってみようと思ってしまう、そうしたなにかがその位置にはある。まわりの本との関連も、そんな雰囲気をかもし出す要因をもっているのかもしれない。

ところが売れ出してくると、位置を移したくなるのが人情なのだ。一番前に持ってこよう、真ん中に高く積み上げよう、と考えがちになる。そうすると、今度は売れなくなったりする。毎日、ひとつずつ産み落とされる金の卵に満足できず、鳥の腹を割いて台なしにしてしまうようなものなのかもしれない。平台の大きさからくる場所の関係もあるのだろう。無意識的に感じるなにかがあるかもしれない。このことは、売りたい本を目立つように置くのとは意味合いが異なる。

この要因を数値で現せることができれば、つまり未知数をいくつか設定しその数だけの方程式を作り、最適値を決定できるかもしれない。しかし要因そのものが隣に並んでいる本であり、その本もまた販売している本である以上、最適値を求められねばならない。こうしてすべてが変数になってしまうと方程式を作ることができない。多変数関数を使ってもうまくいかないという気になる。もちろんなにかしらつくることはできるだろうが、ファクターの性質を決めるのも大変だ。ずいぶん前に、発注システムを微分を使って計算するプログラムをつくったことがあったがやめることにした。いまは、素直に、できるだけ経験に従うことにしている。

古書店・三茶書房さん

古書店の三茶書房の店頭はよくのぞく。駿河台下交差点にあるので近い。店のウインドウはいつも清潔で、しかも季節の花がさしてある。ここをのぞくのがいまでは癖になった。店頭の台を見てみると、ある文庫の巻数がヒモで結ばれて置いてある。先日、欲しいと思い、本の整理をしていた主人にそれとなく話した本だった。わたしは、それを抱えて店内に入った。主人の幡野さんが座っている。

「すいません、いま、取次に行くところなので、必ず買いに来ますからとって置いてください」

そう声をかける。幡野さんは微笑みながら何度もうなずいた。その笑顔は、見つけましたね、と喜んでくれているようだった。

店を終え、帰宅。その古本にカバーをかけながら奥付をみてみた。巻数本、それも一〇巻近い文庫本だから一巻ずつの発行年月日は異なっている。それなのに、全部、昭和四十九年刊に揃えられているのであった。しかも極上本である。これだから古書店にはかなわない。そう思ったのである。

幡野さんに、そう話しても、

「そうでしたか、偶然でしょう」

と、いわれるのが落ちだ。

わたしは古書店の人びとを尊敬している。巻数をそろえるにしても細工をしているような気がする。今日がそうだった。集品のレベルも新本屋とは違う。こだわりを持っているということだろう。古書店というのは、古くなった本を安く売っているのではない。かつて出版された資料的な重要文献をも扱う本屋なのだ。

それに、客の希望の本がはいったからといってわざわざ教えはしない。店頭の平台の上にのせて置くのである。神田の粋というものかもしれない。わたしが手に入れることができた文庫本であるが、他の人が買ってしまったらどうなるのだろう。それはそれ。同じ本をまた揃えるのだろう。古書店の棚は、不特定多数の人びとの前に何気なく並んでいるように見えても、ただひとりの人にもわかるようになっている。古書、あるいは古本が好きな人たちは、ひとりひとりが店の棚を通して、その古本屋の主人と会話している。

「坪内祐三ワンダーランド」

「佐野さん、これからファックスを送ります」

坪内祐三さんから電話がかかってきた。

「わかりました、すぐ見てみます」

そういって、届いたばかりのファックスを見て驚いた。七〇人近くの著者のそれぞれの著書名が書きこまれている。早急に作品リストをつくらなければいけない。急がなければ……。「ふくろう店」のオープンが迫っている。

通りをへだてたビルの一階をリニューアルして、そこに「ふくろう店」を開店するのであった。その一角に、坪内さんの棚、坪内コーナーを作ることになった。もちろん、坪内さんにはお願いしていて、その棚にそろえる著書名が送られてきたのである。

このリストを一気に打ち出せるのはトーハンしかない。当店担当の藤崎、高橋両君にお願いする。

「大至急リストを出してくれ」

「いつまでですか」

「大至急だよ！」

「やってみましょう」

本当にやってしまった。二人は中一日でデータを集めたのである。プリントアウトされた用紙をファイルすると三センチ近い厚さになっている。

「坪内さん、リストを作りましたのでお願いします」

そう電話をすると、坪内さんは間もなく店に姿を見せたのであった。いつものように、本の入ったビニール袋を片手に下げて来てくれた。当店三階の事務所で作品リストの束を見せる。

「リストに印をつけますから、その本を揃えてください」

そういう。分厚いリストを見て驚きもせず、手際良くチェックを重ねていく。リストのページはつぎつぎと繰られてゆくが、二日を要する作業になった。トーハンに発注をお願いしたものの開店までに間に合うだろうか。

坪内さんから、この件でまた電話が入る。

「晶文社と編集工房ノアの出版目録を用意してください」

そう話す。晶文社はすぐ手に入るとしても、編集工房ノアはどうしようかと一瞬迷う。晶文社は自転車でいままで何回も本をとりに行ったことはある。ところが、編集工房ノアは大阪にある。とにかく電話をする。出版目録を大至急に郵送してもらうことにした。目録が届きました。そう連絡をすると、坪内さんはすぐにやってきてくれた。目録から本を選び出し、リストを作っていく。晶文社の著書はすぐに入荷する。編集工房ノアからも直納品が到着した。

いよいよ、坪内さんに棚詰めをしてもらう日がやってきた。この日、坪内さんも責任編集をしている雑誌『en-taxi』のスタッフが来て、この様子を取材してくれる。のちに、坪内さんの選書リストが同誌に掲載された。それは、二〇〇四年春号に掲載されている。しかし、このとき、「坪内コーナー」に問題が出てきたのであった。棚が全部埋まらない……。相談すると、すぐに返事が返ってきた。

「佐野さん、古本を置きましょう」

坪内さんは、ここでもつぎつぎと古本を集めるのであった。棚の問題はすぐに解決した。その日から、坪内さんは、古本も自分で選び自分で運んでくる。

「坪内祐三ワンダーランド」と、その棚に名前をつけさせてもらうことにした。坪内さんがこの棚でなにをどのように展示しても自由だという意味だ。毎週一度、古本の補充に来てくれる。このコーナー、評判が良くて棚がすぐにガタガタになる。本と本の間がすきまだらけになるのである。

紀田順一郎さんと三〇年

坪内祐三さんがコーナーの本を補充に来てくれた。そのなかに柏書房の『現代読書の技術』(柏書房)という本があった。ずいぶん前のことになるが、この本をかなり売ったことがある。わたしが入社してまだ日があさい頃だった。一九七五年頃だったと思う。装丁とタイトルが最初に気に入った。なによりも読書についての本だった。「これは売れそうだ」と目をつけ、平積みにして売ったのであった。当時、柏書房にいた池上さんから、「著者がお礼に顔を出したいといっている」と連絡がきた。この著者の文庫本を手にしたことがあるが、書店に対して厳しい意見を持っている人だという印象が強く、あまり会いたくなかった。なにをいわれるかわからない。なによりも、わたしは人つきあいが苦手だった。

著者は姿を見せたのである。紀田順一郎さんに初めてお会いした。話してみると、とても温厚な人だった。口調もやさしい。その日からもう三〇年近くなる。はじめての印象は変わらない。紀田さん、いまでは毎週一度か二度ほど顔を出してくれる。本や業界についてはとにかく詳しい。

「ふくろう店」を特徴ある店にしたいと思ったとき、本に詳しい三人にそれぞれの棚作りをお願いしようと思いたった。紀田順一郎さん、坪内祐三さん、鹿島茂さんだった。紀田さんには店のレジの前で、坪内さんには飲み屋で、そして一番承諾を得るのが難しそうな鹿島さんには、店の二階の階段近くですれ違いさまにお願いしたのである。

三人の方から承諾していただいたとき、わたしの心中は小躍りしていた。三人の棚は、予想以上に多くの読者から反響を呼んだのである。

西も東もわからない頃から、紀田さんからはいろいろなことを教えてもらい、今日に至っている。紀田さんとの三〇年は、わたしの書店人生と平行しているといっても言い過ぎではない。

店長の日々　その1

某月某日
前日の全集の客注（お客の注文）で、砂子屋書房に電話注文。同じく中央経済社に電話で注文する。この二つの出版社は近くにあるので直接出向いて集品する。中央経済社、調べてもらうが在庫がないという。さらに丁寧に見てもらうことにした。一冊だけ出てきた。その本をタオルで丁寧に表紙をぬぐってくれる。弘文堂の客注は取次に電話注文。いずれも前日の客注で急ぎのもの。
ファックスのインフォメーションをチェックしながら、必要な新刊に発注の部数を入れていく。新刊の量がとにかく膨大で時間がかかるが、毎日続くのである。当店では来たファックスには全部目を通す。取次から送られてくる配本では書店の特色は表現できない。

作家の辻原登さん来店。昨日の続きで二〇〇冊にサイン。新刊の『ジャスミン』(文藝春秋)で前日は四〇〇冊にサイン。辻原さんの友人が、記念パーティで配るという。さらに一二〇冊必要だが、出版社から本がまだ間に合わない。

飛鳥新社の長谷川さん、青弓社など営業の方からの新刊案内に発注する。出版社の営業訪問は一日にかなりの数に及ぶが、それぞれ必ず注文は出すようにしている。

午後、山口昌男さん来店。いつものように棚の本をじっくり見て回る。気に入られるような本を並べておいただろうかと心配になるのである。山口昌男さんと立花隆さんが来店し、本を抜かれるといつも専門書の新刊の棚がガタガタになるのだった。こういうときは書店員としてとても嬉しい。

八王子の売店から洋書テキストの入荷状況の問い合わせ。発注先に連絡をとる。

荒川洋治さん来店。みすず書房の新刊『心理』にサインをしていただく。この後、古書会館で講演をされるという。

テキストの至急の注文が入る。勁草書房の小笠原さんと連絡をとる。すぐに手配してくれたので一件落着。

某月某日

朝の入荷書籍の検品と各フロアへの振り分け。補充書籍はフロアが明示してあるが、新刊は新たに振り分けなければならない。正確なタイトルまで覚えられないが、なにか記憶に残るように、できるだけ新刊を手にとって体感しておく。もちろんパソコンデータに入っているが、それでは即答はおぼつかない。

各社ファックスの新刊案内に目を通す。例によって時間がかかる。

至急のファックス注文二件あり。トーハンに問い合わせと注文。

辻原さんに電話連絡。追加分一二〇冊入荷の報告。

作品社、新刊案内で来店。そのなかに車谷長吉さんの新刊『女塚　初期作品集』の案内があるので、注意して発注。

ピエブックスに新刊発注。前回の古本屋特集のときは大量に発注したので、今度はどんな新刊が出るのか注視。

午後、辻原さん来店。三日掛かりで七二〇冊のサイン本完成。その間にいろいろな話をうかがうことができて楽しい時間を持つことができた。早速荷造りをして宅急便で発送する。書けば一行だがサイン本は大変なのです。

共立女子大のテキスト注文あり。洋書取次に至急発注。

有田芳生さん来店。『私の家は山の向こう　テレサ・テン十年目の真実』（文藝春秋）のサイン本予約注文のため。届いたばかりの新刊本でごった返している一階の仕入れ部屋の事務机でやってもらう。

某月某日

店は無休営業のため、一人ずつ曜日を決めて休んでいる。今日は雑誌担当松本君の休みで、雑誌の棚出し。雑誌は配本協定というのがあり、決められた日から販売しなければならない。当日の陳列ということになる。

入荷書籍の検品とフロアへの仕分け。

ファックスのインフォメーションに目を通し、必要な新刊に冊数記入。

鹿島茂さん来店。書棚を店で販売して欲しいという相談。『通販生活』にも、鹿島さんの写真入りで載っている書棚だという。書棚を置くスペースを見つけることができないので、東京堂書店の名前を入れてパンフレットを置き、注文をとることにする。結局、後日、二階に展示場所を作って棚を置くことにした。

紀田順一郎さん来店。先に来ていた松籟社の相坂さんと三人で、紀田さんと荒俣宏さんとの対談の打ち合わせ。

立花隆事務所より注文メールあり。在庫を確認して返信。

「ふくろう店」前でテレビドラマ撮影のため、すごい人だかりで店の入り口がふさがれ心配になる。だが、無事終了。

某月某日

いつものように入荷書籍の検品と仕分け。売り上げデータ送信処理、本日の担当が遅番なので代わりにやる。ファックスのインフォメーションに目を通し、必要な新刊に冊数記入。得意先の出版社編集部よりファックス注文あり。在庫を確認して売り場に渡す。こうした注文は日に何度かあり、リアルタイムで確認するようにしているが、在庫のない場合には取次の担当者に電話注文。メールの注文もできるが、大事な注文は、〝人間インフォメーション〟がやはり頼りになる。

『ダ・ヴィンチ』編集部より電話注文。毎日のようにファックス注文だが、追加注文は電話でくる。新刊売り場の佐瀬さんに担当してもらっているが、至急の注文が多く、店頭在庫がなければキャンセルという真剣勝負だ。

メールのチェック。当店のホームページには、サイン本コーナーも用意してあるので、このサイン本注文が多い。

三階の人文・自然科学書の棚、ストックのチェックと整理。わたしは人文書はもちろん理学書も読むので、この返品整理を杓子定規のように整理ができなくていつも悩む。かなり時間を要するので一度ではできない。

集英社の林さん来店。来月の新刊案内を持参する。「まだ時間がありますから見ておいてください」と慰められるが、結局は期限ぎりぎりになって督促を受けるのが目に見えている。林さんの愛想のいい笑み、こちらが見透かされているような気がいつもする。

常備の注文書、数社をチェックする。当店では、出版社で組むセット発注より店の特色を出すための選択発注が多い。これも時間がかかる作業だ。

某月某日

書評関係の書籍を手分けして集品。書評は各紙日曜日に出るので、店内での手薄なものや在庫のないものについてはその日に手配できない。最短でも月曜日になってしまう。神保町には取次店が何軒かあるので、その日に手当てができるというメリットがある。

入荷書籍の検品とフロアへの仕分け。

アートデイズの熊倉さんに、直接扱いで預かっている雑誌の追加補充の発注。

午後の入荷書籍を検品して仕分け。売れ筋の書籍はできるだけ早く展示するようにしている。

平凡社の牧さん来店。新刊案内を参照しながら牧さんの説明を聞き、発注部数を決める。

立花隆さん来店。立花さんはいくら大量に買われようとも、いつもご自分で持ち帰られる。持ち切れないときにはタクシーを呼んだこともある。本を大切に扱われていることがよくわかる。

徳間書店の関さん、新任の担当者と来店。これからの新刊の手配打ち合わせをして帰る。

書店員の年齢

数年前から、コンビニエンスストアでの雑誌、コミック、文庫の売り上げシェアーが増大していることは周知の通りである。セブンイレブンだけでも、丸善や紀伊国屋の売り上げをしのいでいるという。それも上述の三銘柄によってである。それでも出版業界の売り上げはここ数年連続でマイナスだという。コンビニの出版物販売の参入で、中小書店は大幅に閉店に追い込まれてしまった。新古書店や万引きといった問題もある。しかし、そうした市場で、社会科学書や自然科学書が販売されているといった情報は聞かない。

人文系の書籍が売れなくなったという話をよく聞く。コンビニの台頭で消えてしまった中小書店の影響かもしれない。大型書店が販売を担っているのだろうが、いまでは社会科学や自然科学の分野に専門的な知識を持っている店員が少ないのも事実だ。マスコミで喧伝される経済問題や政治的スキャンダルに関する本を新刊台に平積みするぐらいだ。いずれにしても一過性の話題本が新刊台を席巻しているのである。その多くは、内容そのものがテレビや新聞で間に合ってしまうものだろう。

書店人が薦める本といった読書案内では、現代の状況を深く考察しようとしている書籍を探し出すことは困難だ。理想的なのは、研究者が書籍の棚のレイアウトをすることだと思う。要するに書店では書籍配列のレイアウトが作れないのである。現代では、学問はすでに越境的であり、相互にオーバーラップしている。単なるジャンルの配列だけでは逆にコンテクストが分断されてしまうのである。棚を見ている読者からすれば、配列の流れが見えない。類似本をまとめてみたり、同じ著者の本を一堂に展開するといった棚の配列は逆に違和感を伴う。書店人には、ここがよく読めない。

中小書店で長い間働いてきた人びとは、それなりの経験があり新刊が出ても自分流のコンテクストの中に取り込むことができたであろう。しかし、いまではそれも望めない状態だ。書店員にしてもコンビニの店員にしても若い人ばかりが目につく。書店でもある程度の年齢に達すると現場から退いてしまう。

ちょっと考えてみよう。読者は若い人ばかりではない。熱心に読書しようとする人は年齢の高い人も多い。読者の年齢層は幅が広い。ところが販売員の年齢は限定されてしまっている。これはビジネス的企業範例が書店業界にも浸透しているといえばそれまでである。出版業界が文化事業の一環だとすれば、単なるビジネスでは済まされない。ビジネス的企業の影響がひずみとなって現出していないだろうか。

書店員は読者の年齢層に対応する年齢層を擁して作業にあたらなければならない。少なくともさまざまな人間的経験に対応しうるような、品揃えと販売体制はできるのではないかと思っている。

POPは難しい

この本はなんだろう。そう気づかせるには、まず本が目に入らないといけない。それでは、読者をどこでひきつけることになるのだろうか。本のタイトル。本のカバー。著者の名前。帯のキャッチフレーズと、いろいろあるはずだ。本の内容はもちろんのことである。本によってはタイトルも著者本人だけではなく、編集者などとの共同作業であり、そこには多くの人の知恵が凝縮されている。

書店ではアイキャッチとして販促用のPOP（ポップ）を本の前後に立てることがある。このPOPが本の帯よりインパクトがあり、本の売れ行きに大きな影響を持つ場合がよくあるようだ。いまでは、出版社から、書店手書き用のなにも書いてないPOPが送られてくることもある。一方で、著者の手によるPOPがついていることもある。ヒット曲狙いで、カラオケとして流行りやすいようにメロディーが作られるのと同様、POPにとって都合のいいタイトルや装丁といった本が現われてくるかもしれない。

ところで書店で特定の本だけにPOPを立てるのは他の著者にとってどんなものなのだ

ろうか。そう思うときがある。そうかといって、店内がＰＯＰの林立では意味がない。芝居や映画見物で見えないといって、観客がつぎつぎと立ち上がってしまったらますます見えなくなる。読者にとってわかりやすいようにＰＯＰを配置すればいいということになるのだろうが、これがなかなかむずかしい。

ある追悼文

水声社の鈴木さんから封書がきた。『水声通信』に、当店で働いていた林建二について追悼文を書いてくれないかというものだった。葬儀のときに青土社の清野さんの指示で弔辞を読んだ。追悼文のお願いを前にして、さまざまなことが浮かんでくる。

生前もずいぶん世話を焼かせたが、天井を見上げては思案にくれる。この盟友のために何が書けるのか。そのことを考えはじめたが、鈴木さんには承諾の返事は出さなかった。

実をいうと、彼の全体像を知らない。東京堂書店でいっしょに働いている彼は、彼の一部でしかないことはわかっていた。その一部を形にできないかと、それから数日考えてみた。彼について書くことにこと欠かないことはわかっていた。しかし、彼のために書くとなると、踏ん切りがつかなくなるのであった。読んでくれる彼がいないいまとなっては、「彼のために」というのが気が重くなる。

飲んだくれているうちに、締め切り日に近づいていた。鈴木さんからは催促はない。その前日の夜、やっと重い腰をあげる。躊躇を一気に飛び越えた。書いたのである。翌日、鈴木さんに連絡すると、メールとファックス、両方送ってくれるようにとの指示があった。鈴木さんから電話がきた。載せるという。やっと一段落。今夜も一杯いってみよう。林は、酒が一滴も飲めない男だった。

「よくゆうよ」と「やめろよな」が、彼の口癖だった。

永井荷風の「偏奇館」

朝の作業は忙しい。開店前にすでに荷物が積みあがっている。それを検品してから、店内に展示しなければならない。新刊の入荷具合によっては、出版社に追加の連絡を取らなければならない。メール注文のチェックも必要だ。注文書の入荷具合も調べなくてはならない。遅れているものには督促が必要である。そろそろ出版社の営業部員が新刊案内にくる時間だ。新刊を陳列しなければいけない。

訪ねてくる営業部員がいう。

「佐野さんはいらっしゃいますか?」

聞かれた当の本人が、

「佐野さんどこへ行ったんだ」

「佐野さんいないよ」

「レジでお伺いしたらこちらだと……」

「置物の招き猫じゃあるまいし、いつもここにいるとは限らないよ」

「それじゃあ、店の方で待たせていただきます」


「佐野さーん、電話入ってますよ!」とレジからの声が聞こえてくる。

店内からそのまま一階の仕入れ部屋をのぞいた営業部員がつかつかと入ってくる。

「佐野さん、いるじゃないですか」

「すいません、忙しいもんで……」

「新刊の案内に来たんですが」

永井荷風は奇人だった。「偏奇館」という家に住んでいたくらいだ。永井荷風の家に来客があると、本人が玄関まで出て行って、

「先生はただいま留守です」

と平気でいっていたという話を思い浮かべる日もある。

「東京堂書店の佐野です」

ニッポン放送のアナウンサーで吉田さんという方から電話がかかってきた。

「実は、福田和也さんの番組がありまして、その中で書店の方に電話に出ていただいてお話を聞くということになりました。つきましては佐野さんにお願いしたいのですが」

「わたしが出るんですか？」

「福田先生の要請です」

「福田さんがおっしゃっているの」

「そうです」

「ウーン、福田さんがおっしゃっているんじゃあ、出ないといけないですね」

数日後、吉田さんがやってきて、神保町という本屋街についての概要、当書店の歴史、特徴、それからお薦めの本などについての質問をされて、メモしていかれた。

それきり連絡もなく、かなりの日数が過ぎていった。あの話はどうなったのだろうと思い出すこともあったが、またすぐに忘れてしまった。しかし、放送の前日という日になってメールが入ってきたのである。番組の内容は添付になっています、とあるので開いてみた。読んでみるとシナリオのようになっている。問いかけと、その受け答えが全て書かれている。驚いたのは、わたしが吉田さんに話した内容が主旨を曲げずに、そのまま受け答えできるようになっていたことだ。うまいものだと感心した。

そして、当日を迎えた。


今日も、本屋さんにお話をおうかがいするんですが、今日は、レベルが高いですよ！

なぜかといえば、今日おうかがいするのは、本の街、神田の本屋さん、しかもそこで一〇〇年以上も本を商っているという老舗中の老舗、東京堂書店神田本店長の、佐野衛さんです！　よろしくお願いします！

東京堂書店の佐野です。よろしくお願いいたします。

Q　（質問）佐野さんは、本屋さん歴、どれくらいなんでしょうか？

――アルバイトから始めて、三〇年以上になります。

Q　本の街、神保町にいらっしゃるお客様は、どんな方が多いんですか？

――やはり、研究者や学者の方が多いので、ただ欲しい本というより、資料として必要となる本を買っていかれる方が多いですね。出版社の編集の方なども多いと思います。

Q　福田先生も、よく行くとか？

――よくいらっしゃいますね。先日は、八万八二〇〇円の本を一冊だけ仕入れておいたら、福田先生がお求めになったと知りました。

Q　それ、どんな本でしょうか？

――『國朝《こくちょう》漢學師《かんがくし》承記《しょうき》』という本です。本の特集をしている雑誌の記事がありまして、そこで福田先生が、その本を当店で買われたと、書かれてありましたので、わかりました。

〈福田先生の発言〉

その本が出版されたということは、新聞の広告を見て知ってたんです。でも、まさかに本屋にあるとは思っていなかったので、東京堂書店で発見して、うれしくて買っちゃいました。

〈小生の発言〉

先生の出された本のサイン本を出版社にお願いしていたのですが、なかなかしていただけませんね。

〈福田先生の発言〉

そうだったの？　聞いてないなあ。

〈小生の発言〉

是非お願いいします。

〈司会者の発言〉

佐野さんそれ業務事項じゃありません？

〈小生の発言〉

すいません。気をつけます。

Q　佐野さんはしてやったり、という感じだと思いますが、そういう方を相手にしていると、どういうことに気をつけて仕入をされていますか？

――専門分野で、今、何が重要なテーマになっているのか、あるいは、従来から問題になっているテーマに関しての研究といった事柄を、把握している必要があります。そうしたテーマを扱っている本は、やはりよく売れます。

Q それを把握するのは大変じゃないですか？

――やはり研究者の方に棚を作ってもらう、本を選んでもらうのが、一番いいんです。だから、いま、有名人の方の本棚というものを、目の前の「ふくろう店」の方では展開していて、坪内祐三さんや、鹿島茂さん、紀田順一郎さんに本棚を作ってもらっていますが、これは売り上げがいいんです。

Q そんな佐野さんのお薦めの本は、何でしょうか？

――（本はお客様に選んでいただくことにしているので、普段は、お薦めなどはしていないのですが）立花隆さんの『エーゲ　永遠回帰の海』（書籍情報社）です。

Q これはどんな本なんでしょうか？

――立花隆さんのギリシャ紀行の本で、須田慎太郎さんの写真が、ふんだんに使われています。紀行といっても、もちろん各地を歩くわけですが、文化や思想の紀行にもなっています。初めに「神は死んだ」と記述されていますが、最後に「永遠回帰」という言葉が出てきます。ニーチェ的でもあるわけです。

Q　どうしてこの本を選ばれたんでしょうか？

――立花さんは、ロッキード事件で有名になってしまったので、ジャーナリスト的なイメージがありますが、実はそれ以前には、こういう類の本を主体にしようとしていたようです。これがきっと立花さんが本当に書きたい本なんだと思いました。いま、当店の一階に、立花さんがこの本に使われている、大きな写真のパネルが展示してあります。全部で六枚あります。これは立花さんからじかにお借りしているものです。皆さんも是非ご覧になってください。

Q　実は、佐野さん本人も、本を書く方なんですよね？

――書きたいものを書こうとすると、どんな本が必要になるか、わかります。

Q　そして、難しい本ばかりではなくて、東京堂書店さんには、もちろんふつうの本もあります。特に一階には、いかにも目利きが選んだ、一般の方が読んでも興味深い本が、平台に、ガーンとのせられています。福田先生の本にも、東京堂書店の一階平台が充実している、という話が出てきます。これ、どうしてなんでしょうか？

――東京堂書店の神田本店は、二、三階が専門書で、一階が一般書なんですが、一階にある新刊書は、実は、全部二、三階にもある本なんです。上の階の、専門書のエッセンスが、一階には並んでいるんです。

ありがとうございました！

こうしてラジオ番組は終わった。

廣松渉という哲学者

『戦後思想の一断面』（熊野純彦著）という本がナカニシヤ出版から刊行された。サブタイトルに「哲学者廣松渉の軌跡」とある。廣松渉という哲学者に少しだが因縁があり、早々に購入して読んだ。廣松渉の著作はほとんど読んでいるが、この哲学者の実生活については皆無といっていいほど知らなかった。東京大学の教授であったぐらいである。その哲学者の生活像が描かれていたが、わたしの廣松渉像が変化したわけでもない。

この本を、『週刊読書人』の「本年の収穫」という号で推薦した。同紙には上期と下期に、そうした特集号があり、三冊を選んで短いコメントをつける。その原稿をときどき依頼される。二〇〇四年のこと。三冊のうち、この本をあげた。廣松渉の実生活と哲学について書かれていて、この哲学者を知るにはいいと思ったのであった。同書には、六〇年安保当時の全学連のことがあった。最前列のデモで、廣松渉は大柄だから目だったのではないかと思う。そのときそばにいた樺《かんば》美智子さんに、「女は後ろに下がれ！」と叫んだとある。彼女の返答は「どうしてですか！」だったと書いてある。このときのことを振り返り、「一生の悔いだなあ。首根っこつかまえてでも、退さがらせておけばよかった」とある。『物象化論の構図』が岩波書店から出版されたときのことだ。調べてみると、一九八六年だった。この刊行を機会に「廣松哲学の構図」というタイトルでフェアをしてみたいと思い立ち、本人に直接手紙を出したことがある。数日後、ご本人から直接電話があり、承諾する、ということで、とてもうれしかった。このフェアでは、廣松さんの著作全部のほか、「現代思想についての推薦書一〇〇冊」の選書もお願いした。そのリストは、廣松さんの手書きで送られてきた。それからというもの、何度かお会いする機会がうまれた。哲学についての話を聞くことができた。わたしにとって生涯で貴重な体験である。

廣松渉という哲学者のフェアをなぜ企画したのだろうか。

日本の哲学は、明治以来、ほとんど西洋哲学の紹介か研究であり、そのことは現代に至るまで変わることはない。そうではなく、ひたすら独自の哲学を歩いてきたひとりが、廣松渉だと思っている。その人のフェアができればいいと考えていたのである。

いま考えても、そのような哲学者は出ていないのではないだろうか。モダンとかポストモダンという哲学が流行したが、独自な哲学的な研究をした人はいない。新しい西洋の思想の紹介にとどまっていると思う。そうした本が売れることは書店にとっては大切なことだ。しかし、思想的にどのような意味があったのだろうか。

このときのフェアがきっかけで、わたしの書いた哲学書を一冊僭越ながら送った。後で知ったことであったが、廣松さんはどんな哲学書でも一晩で読了してしまうという。わたしの本に目を通していただくのは申しわけなかったが、電話がすぐにかかってきた。それ以来、廣松さんは、新刊を出すたびに著作を送ってくれるのであった。あの高価な『存在と意味』(岩波書店)第二巻までいただいた。刊行当時でも入手困難だった『エンゲルス論』(盛田書店版)は署名入りだった。

『廣松渉著作集』(岩波書店)はいまでも読者からの問い合わせはある。残念なことだが、その全巻は揃わない。揃わないなりに当店では置き、その「廣松コーナー」は確実に売れている。本当の哲学を勉強しようとする人は必ずいる。

三茶書房をいつものようにのぞいてみている。通りに面した均一台の上に一冊文庫本が抜き出して置かれていた。だれかが買わずに手にしてそのまま置いていってしまったのだろう。何気なく見てみると、『スターリン著作集』とあった。トンデモナイ本である。スターリンの書いた本を見るのは、わたしは初めてだった。前に、ソルジェニーツィンの『煉獄のなかで』という本を読んだことがある。スターリンがしばしば登場して、執筆する場面があったように思う。スターリンは何を書いているのだろうかと、その内容に興味を持ったこともあった。マルクス、エンゲルス、レーニン、毛沢東となると、彼らの著作はだれでも見たことはあるはずだ。しかしスターリンとなるとむずかしい。つい買っていた。

三茶書房をまたのぞいていると、均一台の一番端に『現象學』というタイトルの本がさしてある。手にとって奥付を見てみると、出版社は第一書房、刊行者は長谷川巳之吉とあった。なるほどこの人かと思った。というのも、河出書房新社から『美酒と革嚢』という角背のきれいな本が出たばかりだった。小澤書店をやっていた長谷川郁夫さんが書いた本で、テーマは長谷川巳之吉という出版人のことだった。第一書房という出版社を興して活躍し、ひとつの時代を作り上げた編集者を描いていた。そのことが思い浮かんできたのである。『現象學』の著者は、当時高名な哲学者・高橋里美だった。そういうことで、気がつくとこの本を買っていた。

家に返り、三茶書房の包みの紙をカバーにしようと思い、『現象學』の表紙を外すと、『フッセルの現象學』とあった。カバーの背文字を改めて見ると、『フッセルの現象学』と読めた。現象學の文字だけが黒字になっていて、フッセルも著者名も黄緑で印刷されていたようで、色が飛んでしまっていた。本の裏表紙を見てみると、左上には「神田東京堂書店」というシールが貼られていた。以前は販売書店のシールが必ず貼られていたのだった。だれかが、東京堂書店で買った本を古本屋に売ったのだろう。発行は昭和七年とあるから昔のことだ。

早速読んでみる。現象学についてわかりやすく整理されて書かれている。著者は自分が理解したことを丁寧に説明していく。読者も理解しやすいだろうと思った。最後の場面になり、どこかで読んだ記憶がよみがえってきた。この『現象學』の引用ではないだろうか、と。中央公論社のシリーズ『世界の名著』の『ブレンターノ・フッサール』の巻。その解説に載っていた文だと思った。『世界の名著』を開いてみると間違いなかった。あの威厳に満ちたフッサールの講義風景のことだった。

聴講生は、はじめのうちは構えて聴いている。しかし、つぎの講義も、またつぎの講義も同じことを繰り返すので、学期末になっても現象学の入り口までだった。聴講生も次第に減っていき、ついに聴講生の数はちらほらとなってしまったというものだった。

岩波文庫　わたしの三冊

岩波書店から封書が送られてきた。岩波書店文庫編集部からのものだった。封書の表は「岩波文庫　創刊80年記念『岩波文庫　私の三冊』」となっていて、その下にアンケート原稿依頼と白抜きの文字がある。文面を読んでみると、いままでに岩波文庫のうち、いまなお心に残る書物を三点選んで短評をつけ、回答してくれるようにというもの。岩波文庫の最新版目録が同封されていた。その目録から選び、短評をつけるということだ。品切れの本を選んでも無駄なことかもしれない。

わたしの文庫の多くは岩波文庫である。青版の古典といわれる必読書のほとんどをもっている。ずいぶんと勉強させていただいた。しかし、岩波書店の文庫編集部が、そんなわたしのことを知っているわけはない。といって、最近の文庫はそれほどもっていない。古典的な名著が出ると買うといった程度である。当店で客からの問い合せがあり、その文庫本が品切れだったりすると家に帰り、そのことを自分の棚で確認することはよくある。

岩波書店では、ここ数年、文庫の復刊を年二回ほどしているので、不便はないように思う。しかし活版時代の文庫で、とくに日本のものや中国のものは版が摩滅し、ルビはいうにおよばず本文さえよく読めないものもある。

本は汚れているが、印刷は古本の方がすぐれているということもある。古書店では、そのことは当然わかっているのだろう、値段は下げない。わたしも学生時代に買った文庫は大事に残している。だが、紙が黄ばみ、紙面がくすんでくるので読みやすいといえるのかどうか。まあ、これは文庫本の宿命だろう。

しかし、岩波文庫、同じ本を回転木馬のように何十年も出しつづけている。そうした文庫を刊行している出版社は岩波書店だけだ。岩波書店では、文庫に絶版はないという。単に品切れなのだそうな。昔読んだ文庫本が、いまでも書店の棚にあるということは、いまの時代ではとても貴重なことである。自分たちのまわりの環境をちょっと振り返ってみればわかる。以前の町並みのほとんどは姿を消してしまい、それはいまも現在進行形である。神保町という街も同じ。岩波文庫は、いまだ変わることなく存在する生活環境の一部のようなものだと思う。それは懐かしさと同時に、いまだに必要とされているということだ。そんなわけで、学生時代からいまでも読みつづけている文庫を最初に選んだ。

アリストテレスの『形而上学』。

泡のような本

本が売れなくなったので、書店として何か対策はないですか――。

そのような問い合わせがよくくるのである。書店からであったり出版社からであったり。当店でも採算の維持がむずかしい状況はつづいている。しかし、自分の書店や自分の出版社のことだけを考えて打開しようとしてもうまくいかないと思う。売れないのは本だけではない。消費支出の低迷というい方をすれば、日本経済、ひいては世界経済にわたる問題になってしまうだろう。

書店は景気の波に浮いているしかない。出版社は、その問題を解決できるような刊行物を世に送り出すことができる。しかし、いまの時代が必要とするテーマ、それを解決に導く内容、そうした研究書や解説書が出版されていないのも現状なのだ。そう思うが、口にはしない。

マルクスの『資本論』は膨大な参考文献から生まれ、ケインズの『一般理論』は閉塞状況から生まれた。現代という時代に、そうした書物は出てこないし、それに関する解説書もない。現代思想は異議申し立てをしたが、自らを取りまとめることもしないまま年をかさねてきただけだ。熟慮しない情報ばかりがかけめぐっている。そんな状況のなかで右往左往するばかり。なにかが形成される前に泡のようにはじけてしまう。泡のような本が市場に氾濫しているのではないかと思うことがしばしばある。若い研究者からにベストセラーが出ると、その研究者に出版社は次から次にと著作を依頼する。それでは、落ち着いた研究もできないままに歳を重ねてしまうだけだ。まだまだ研究する時間が必要です、という態度が大切なことだとも思う。

店を忙しく動き回り、ふとしたときにこんなことを考える。

本の流通はどのように進化したのだろう。流通は大量の製品を効率よく移動させる装置であるが、やはりここで注意しておくことは「大量」という思考だと思う。講談本や読物から始まり、それは雑誌やコミックの刊行に対応する物流装置として展開してきた。大量の流通という装置には、多品種、小部数の単行本はふさわしくなかったのではないだろうか。

物流が進化するにつれ齟齬《そご》が拡大してしまったのかもしれない。小部数の書籍が書店にいきわたるわけもなく、どの書店でも大部数発行の雑誌や文庫、ベストセラー作家の単行本といった本が並べられている。それはやむを得ない面をもっている。しかし、わたしたちも、読者もまた、このような状況に慣れてしまったのである。人文系や思想書、専門書が見るからに「難しい本」という印象を持たれ、そうした書籍が書店にあるというイメージもまた薄れてきたのである。そのことが習慣化したと思う。

読者も自分で考える本よりは、わかりやすい、面白い、感性に即効的に刺激を与えるものに興味が移行してしまった。出版社も会社の規模が大きくなるにつれ、経営を維持発展させるために大量生産とその販売、そして、売れなければ次から次に大量出版せざるを得なくなったのである。いま、手元に客観的なデータはないが、日々の業務が教えてくれる。もちろん、わたしの想像の域を出ないが、大局的な場面への管見としておく。

その思いが、日増しに強くなってくる。

書肆アクセスと畠中さん

坪内祐三さんについては、「坪内コーナー」のほかにもうひとつ忘れることのできないことがある。二〇〇七年の秋のことだった。神田神保町にある「書肆アクセス」の閉店が迫っていた。そんなとき、「どうしても残したい棚があるので、それを、佐野さんの東京堂で引き継いでいくことはできないでしょうか」と坪内さんが話しかけてきたのであった。「坪内祐三ワンダーランド」の開店は二〇〇四年だったので、それから三年後のこと。

書肆アクセスは、神保町のすずらん通りに面していた。地方・小出版流通センターが直接取り扱う書籍を専門に棚揃えをしている書店である。わたしも、注文の書籍があるたびに、よく出向いていた。在庫を確認してもらい、その書籍がないときには注文を受けてもらっていた。はじめは現金買いであったが、注文がたび重なるにつれて、現金買いは大変な作業になってきた。そこで、なんとかトーハン帳合の伝票買いにまでこぎつけたのだった。そんなことで書肆アクセスにいる三人の店員とは顔見知りになっていた。なかでも店長の畠中さんは、当店の夜の講演会にときどき出席していたので話す機会もあった。

坪内さんからの話があったとき、そのまま書肆アクセスに足を運んだ。坪内さんが引き継いで欲しいといった棚、それは書店がいつも揃えることのできない本の棚だった。書肆アクセスが属している地方・小出版流通センターだけが取り扱っている全国の小さな出版社からの刊行物が並んでいる。なるほどと思った。神保町から書肆アクセスがなくなるということは、地方・小出版流通センターが扱っている書籍も、この街から消えるということだ。このとき、わたしは、地方・小出版のコーナーを当店、しかも坪内さんのコーナーのある「ふくろう店」に設けようと思ったのである。

それに畠中さんだった。書肆アクセスが閉店することを知り、立ち話ではあったが、今後についてときどきたずねていた。閉店後のことは別に決まっていない、というのが畠中さんの返答だった。地方・小出版コーナーの設置と畠中さんがひとつのつながりになってきたのである。畠中さんに当店にきてもらうということだ。坪内さんの話は、こうして可能性のある棚作りにつながっていった。

畠中さんから承諾の返事をもらったのは、それからすぐのことだった。だが、地方・小出版流通センターから商品を出してもらえるかどうかという大きな問題があった。同センターの川上社長に会うことにした。ところが、すでにいくつかの書店で、同じような地方

・小出版コーナーの計画が進んでおり、作業上むずかしいというのである。後手にまわった状態になったのである。年が明けて再考しようとの返事だった。それでも、あきらめる気持ちは少しもなかった。そして春先、作業上の直取引はできないが、ほかの取次を通すなら商品の手配はしてもよいということになった。畠中さんからは、四月になったら入社できるという言葉が届いていた。二〇〇八年のこと。

商品の調達は可能という目算がついた。川上社長の温情に感謝したが、後発という厳しい状況にあることに変わりはない。このとき、洋書を担当していたときのことを思い出した。直接エージェントに出向いて棚から本を選んで仕入れていたのである。もちろん海外から送られてくる新刊案内を見ているが、現物を直接手にすることが最上の選択である。いつのまにかそう思うようになっていた。地方・小出版流通センターにも直接出向いて、棚から当店で揃える本を選んでみることにしたのである。当店担当の同センターの岡安さんに、その旨を伝える。四月入社の畠中さんを引っ張り、同センターに出向くことにした。

小出版社だからこそ、それなりの主張があり、類書もない貴重な書籍を棚にそろえることができる。それだけではない。畠中さん得意なミニコミ関係の雑誌も並べることになった。これが、彼女のコーナーのもうひとつのキーポイントだった。五月のオープンに間にあうことができたのだった。三階の一角にあるコーナーである。

そのコーナーの棚作りは、もちろん畠中さんに任せることにした。この方面に詳しいので、さすが短期間で当店ではなかった本や雑誌が集まったのである。その日のことはいい思い出でもある。三階から一階に下りてくると、三階で彼女が叫んでいるという。

「わたしの棚だけキタナーイ」

棚の整理にとても間に合わないようだった。

店長の日々　その2

某月某日
今日は閉店前にあがることができたので、ＪＲ御茶ノ水駅近くのディスクユニオンに立ち寄ってみる。クラシックはバッハしか聴かないので、いつもバッハコーナーに足を運ぶだけだ。しかし今日は店内を見回っていた。奥のレジカウンターから、無伴奏のチェロ組曲第一番が流れていたのである。グレン・グールドは、バッハ・コーナーよりもピアノ・コーナーの方にたくさんのＣＤがあった。その前の隣にバックハウス・コーナーがあることに初めて気がついた。そこに、バックハウス・バッハ・リサイタルというＣＤがあったのである。このＣＤは長い間探していたものだ。学生時代、このレコードを何度も何度も聴いていたが、いつの間にか失ってしまった。バックハウスはベートーベンとブラームスでなければならないが、わたしにとってはバッハなのである。

そのＣＤを手にとってみた。録音は一九五六年十月とある。バックハウスは一八八四年の生まれだから、このときすでに七十二歳ということになる。レコードで聴いていたが、ほかの高齢ピアニストとは違い、明晰で力がある。指のもつれなど少しもない。ＣＤには、古い録音で聴き取りにくいところもあると注意書きがあったが、そんなことは少しもない。素晴しい演奏なのだ。四十五分の演奏だが、聴き終わっても、バッハがいつまでも鳴っているのである。その後、グレン・グールドのバッハに移ったのだが、バックハウスの一枚は大切にしないといけないと思った。

某月某日

現在、書店の管理システムを構築中。そのコンピューターシステムを依頼しているＣＢＣの細谷さんが来店。前に書店バックアップシステムというのを作ったことがある。木造二階建ての書店から、いまの六階建てビルに改築したときに作ったシステムだ。店内在庫がわかるというシステムの一環だった。そのときのシステムはいまでも生きているが、単品管理について、バーコードの普及、キャッシャーによる読み取りといった、当時とは比べることができないほどコンピューター化の環境が進んできたので、改めての挑戦ということ。

某月某日
逢坂剛さんから聞いていた『今日から悠々』という季刊誌の説明に、版元の新学社の方が見える。二年後には、団塊世代の定年がやってくる。彼ら彼女らを読者対象にしているので活字を大きくしているという。確かに字はデカイ。しかもページ数は薄くしてあり、そのつどに特集を組むという。その特集ページは、全体の三分の二にするというので、また驚く。挨拶状には、「本格的なシニア雑誌」とあった。
逢坂さんからの頼みごとである。創刊の折には、大量に販売してみたいと申し出る。

某月某日
白水社の中豊留《なかとよどめ》さんと全店フェアの打ち合わせ。テーマ別のフェアよりも出版社丸ごとの全店フェアを一カ月の期間で展開するようにしている。それぞれの出版社を全体像に近いかたちで紹介できればという考えである。できるだけつづけていこうと考えている。

白水社ということで、文庫クセジュから白水Uブックス、それに各ジャンルの単行本から全集すべて出品してもらうように依頼する。もちろん在庫僅少本もお願いする。「クセジュ」ということばは、モンテーニュの言葉で「わたしはなにを知るか？」という意味。「わたしは何かを知っている」というと、ソクラテスに問答をされ、「何も知らなかった」という羽目に陥り、「わたしは何も知らない」というと、「何も知らないことを知っているではないか」と突っ込まれてしまい、パラドックスに陥いる。この天秤のつりあいのような疑問形を発見したとき、モンテーニュは喜んだという。白水社創立九〇周年ということで、各書店でも白水社フェアが展開されるという。

タバコを吸う車谷長吉さん

車谷長吉。長吉は「ちょうきつ」と読まないと何気なくしかられる。

小説を買う読者の間では、初版（初刷り）の本に人気が集まる。受賞作品になると、とにかく初版本の有無の問い合わせが多くなる。その意味では、車谷さんの作品はその最たるものだという印象がある。しかも、サイン本は飛ぶように売れるのだ。車谷さんの新刊本が出るたびにサイン本を作ってもらうのだった。不思議な作家だといつも思う。

不思議なのはそれだけではない。車谷さんの本の買いかたも不思議なのだ。大きな全集を買ったかと思うと、文庫本の前でなにやら探し物をしている。来店を知り、挨拶しようと店に出れば消えていて、仕事に戻ると、挨拶に顔を出すのだった。

当店も事務所内のどこでもタバコが吸えるという状態ではなくなった。喫煙室が設けられた。その喫煙室が、車谷さんにサイン本、つまり署名本をお願いするときの部屋になる。車谷さんは必ずタバコを吸うからだ。しかも、サイン本の冊数が多く、時間がかかるのだった。車谷さんが丁寧に万年筆で署名する。その署名の下に、トーハンの藤崎さんが落款を押していく。そこに、わたしが半紙を挟んで収納していく。いつの間にか慣例になったのである。

実はこの部屋、従業員の休憩室の一角にあり従業員の喫煙室なのだ。その休憩室からはガラス越しに見えるようになっている。サイン本をつくる作業は、車谷さんとわたしが机をはさんで向かい合い、車谷さんの両隣には出版社の編集担当者と藤崎さんが並ぶのである。その光景は、休憩室から見るとまるで警察の取調室のようだと店員がいうのである。いつのまにか、東京堂書店の従業員休憩室のありふれたものになっている。

こういうこともあった。角川書店から『愚か者　畸篇小説集』が出版された二〇〇四年のこと。サイン本を作っているときだった。新年のサイン本フェアでぜひ売りたいと思い、表紙にサインをお願いしたのである。車谷さんはとても嫌がったが強引に作ってもらった。一〇冊の限定本だったが、フェアではすぐに売れたのである。こんな非礼なこともあった。作品社から初期作品集『女塚―初期作品輯』が出版されたとき、当時のペンネームの署名本もお願いしたのである。車谷さんはいぶかりながらもその署名を引き受けてくれた。辻永銀治郎という署名は客の興味を引いた。車谷長吉と辻永銀治郎という二種類の署名本が出来上がり、いずれにしても完売してしまったことはいうまでもない。

そして、ある日、車谷さんが来店したので挨拶を交わした。

「あの表紙にサインしていただいた『愚か者』一〇冊、すぐに売れました」

「あれねえ、ぼくも一冊買ったよ」

辺見じゅんさんと

幻戯書房の社長辺見じゅんさんから、毎日出版文化賞の招待状が届いた。受賞作の『満州皇帝の秘録』（中田整一著）が幻戯書房発行の書籍だったのである。実はこの書籍、出版前に辺見さんと山の上ホテルでお会いし、ゲラを読んで欲しいと相談されたのである。ゲラを読むと、重厚な作品という感じがした。こうした本は、広範な資料の渉猟、あるいは新たな視点が要求され、そうなると必ず読者は現れる。そう思ったが、その場でそうしたことは見通せない。なんともいえなかった。しかし辺見じゅんさんがこの本に寄せる熱意がなみなみならないものだった。その熱さが伝わってくるのである。辺見さんを信じようと思った。わからなければ、そのことをよく知っている人についていこう。これが道を誤らないやり方だと思っている。

「出版されたら新刊台に平積みしましょう」

気がつくと、そうこたえていた。刊行後、平積みにして並べた。はじめは動きがそれほどでもなかったが、その状態を続けた。次第に売れるようになり、追加注文を出すまでになってきた。

読者のなかには本の目ききもいて、そうした人たちが書店員に本の売り方を教えるという例だった。売れる本、売れない本がわかる人がいるらしい。わたしはそうした類の人間ではない。人それぞれの興味や観点があり、出版社や読者に教わりながら、著者の出版にかける思いを大事に思う。とにかく店頭に並べてみなければわからないのである。

辻邦生さんと「ランチョン」で

新潮社の『辻邦生全集』(全二〇巻) が完結した。未完のままだった『フーシェ革命暦』も入っている。純白のケースに入った、いかにも作家辻邦生らしい装丁の全集になった。

奥さんの辻佐保子さんから電話を頂いたことがある。かなり前のことだったが、声を聞くのは久しぶりだった。学習院大学資料館で辻邦生展が開かれるので、そのポスターとパンフレットを東京堂書店に置いてほしい、とのことだった。もちろん、喜んで置かせてもらいます、というと、「ありがとう」という言葉が返ってきた。元気そうだと思った。送られてきたポスターを貼り、パンフレットはカウンターの横に置いて配布した。パンフレットはすぐになくなってしまった。

全集の最後の巻を手にしてそんなことを思い出してしまった。辻邦生さんが亡くなったのは一九九九年の七月だった。それから七年後に全集は完結した。辻邦生さんとは、本当に三〇年以上の長いおつきあいをさせてもらったのである。わたしが入社したとき以来、辻邦生さんの新刊が刊行されるたびにサイン本をつくっていただいた。やさしくて、心遣いのいき届いた態度、あの柔らかな声はいまでもはっきりと頭の中に残っている。

あるとき、電話で本の注文を頂いたことがあった。電話を通して、モーツァルトが聴こえてくるのであった。モーツァルトをとても気に入っているという話を聞いたことがあったので、辻邦生さんのまわりではいつもモーツァルトが流れているのかと思った。

『背教者ユリアヌス』の限定特装版が中央公論社から出版されときは、当時の限定本と異なり、自分で製本するようになっている洒落た豪華本だった。珍しい限定本なので忘れられない。その前に、河出書房新社から『辻邦生作品』(全六巻)が出版されたときも、全巻サイン本にしてくれた。

辻邦生さんの作品は、スケールが大きく、洋の東西を問わない博識と文学の精神に対する省察が、さまざまな形となって著作をなしたのだろうと思っている。その偉業を理解する能力は、わたしにはないが尊敬の念だけは自ずと湧いてくるのである。『パリの手記』（河出書房新社、一～五巻。一九七三・四年）のような、思索を記録することによってできあがるエッセイが好きだ。最晩年までおつきあいさせていただいた。

日経新聞の日曜日に『のちの思いに』が連載されて、いつも日曜日の大きな楽しみだった。自伝作品は未完で終わってしまった。最後に食事をご一緒させていただいたのは神保町のビアホールの「ランチョン」だった。その年の夏、軽井沢で亡くなられた。

立花隆さんと『天皇と東大』

『天皇と東大　大日本帝国の生と死』（文藝春秋）という本を年末から年始にかけて読んだ。立花隆さんの著作で厚い二冊本の本だ。わたしは飛ばし読みをしない。読もうと思い手にとった本は、はじめから終わりの行まで読む。時間はかかる。長い間、哲学関係の本ばかりを読んできた癖で、省略してしまったところに重要なことが書いてあったりすると、その読書はしていないに等しくなってしまうからだ。この本も読了するのにかなりの時間を要した。

立花さんは当店でよく選書する。『天皇と東大』を読んだこともあり、この本について話をさせてもらっているうちに、『天皇と東大』をめぐる資料群の展示販売を考えついた。そのことを話してみると、立花さんはすぐに承諾してくれた。同書は、膨大な資料の引用によって日本の近代という時代状況を具体的な姿で掘り起こしているのであった。さらには、そうした引用がコンテクストをなし、時代の流れを見事に描いているのである。『宇宙からの帰還』(中央公論社)というインタビューを中心にした優れた著作が立花さんにはあるが、この本を読んだとき、ウイリアム・ジェイムズの『宗教的経験の諸相』を思い浮かべたのであった。相手の話し手の事実を正確に伝えるという、非常に忍耐を要する仕事が読者をひきつけてやまないのだ。『天皇と東大』は、いまとなっては故人が多く、インタビューできない代わりに、資料の綿密な渉猟によってインタビュー取材に匹敵する成果を得ている。七年がかりでたどった資料群のほんの一部でも読者の目にふれることができればいいと思い、展示を思い立ったのだった。立花さんは、そのときに講演をしてもいいといってくださった。嬉しかった。講演の告示をしてから予約が続々と入ってきた。予約の締め切りをせざるを得なくなった。

その日は、講演が始まるまで十分な時間があるのに、六階の会場は満席になっていた。

会場には、立花事務所の菊入さんが、資料をスクリーンに写すためのプロジェクターを運びこんでいた。立花さんは、なんと大きな紙の袋を一〇個も車で運んできた。それを会場まで大きな台車で運びながら、とんでもないことを立花さんにお願いしてしまったと少し後悔した。しかし、この講演を知り、東海道新幹線で駆けつけた客もいたので、自然と気合もはってきたのであった。

立花さんは、開始予定の時間の十分前に話し出した。現在ではほとんど市販されていない資料、つまり多くの貴重な本をスクリーンに写しだしながら話していく。持ち込んだ紙袋には番号がふられていた。その順に話しかけていく。本を読んでいたことで、『天皇と東大』の該当箇所を思い浮かべながら、話を聞いていくことができた。会場の多くの人も、うなずきながら聞いている。わたしといま同じ体験をしているんだろうなと思った。

立花さんには『ぼくはこんな本を読んできた』(文藝春秋)という著書があり、そのなかで東京堂書店を取り上げてくださったのである。十五年以上も前になる一九九五年のことだった。この本の影響は大きかった。書店独自の宣伝よりも効果があったのである。立花さんは、

「ちょっと書いておいたよ」

と話されたが、出会う人ごとに「読みましたよ」と話題にされたのであった。その反響の大きさに身の引き締まる思いであった。そして、「司馬遼太郎賞」ができ、その第一回目の受賞者に立花隆さんがなられたのである。『ぼくはこんな本を読んできた』の三年後の九八年のことだった。その受賞を記念して、「立花隆フェア」を企画したのである。立花さんの著作リストを作り、その著書を揃えたのであった。企画は成功、本はよく売れた。評判がよく、フェアをそのまま「立花隆の棚（コーナー）」としてそのままにしておいたのである。新刊が刊行されるたびにそこに並べ、現在に至っている。『シベリア鎮魂歌　香月泰男の世界』（文藝春秋）も『エーゲ　永遠回帰の海』も新刊台同様に。このコーナーにも平積み中である。

『天皇と東大』から『蓑田胸喜全集』に

立花隆さんの『天皇と東大』を読んではじめて出会った人がいる。蓑田胸喜《みのだむねき》という人物で、厚い本のなかでことあるごとに登場するのであった。この人について知りたくなり調べてみると、柏書房から『蓑田胸喜全集』が刊行されていることを知った。そして、同書の編集者のひとりに佐藤卓己さんという研究者がいたのである。そこで、『天皇と東大』の資料群の展示販売フェアを思い立ったとき、わたしひとりでは手に余るので、柏書房の山口さんを通じ、佐藤さんに『天皇と東大』資料群のわかりやすいリストを作るにあたって助言をしてもらえないかと頼んだのであった。

数日後、山口さんが佐藤さんを伴って来店した。佐藤さんは関西在住、わざわざ東京の当店まで出向いてくれたのであった。資料リストの助言はとても的確だったが、話をしているうちに、目の前の佐藤さんの講演を聞きたくなってきた。そう話すと、佐藤さんは即答を避けたがなにか考えている様子だった。

その後、山口さんから連絡からきた。佐藤さんは、竹内洋さんと一緒なら講演をおこなってもよいという返事をいただいた、ということだった。竹内洋さんといえば、日本主義研究の大家ではないか。講演会のタイトルは『教養主義・ナショナリズム・日本主義』と決まった。わたしにとっては、関西で活躍されているお二人をわざわざ東京にお呼びしてイベントができるということが嬉しかった。講演は熱気を帯びたものになった。『週刊読書人』から記事にしたいという申し出があり、この日の記録は、二〇〇六年六月二十三日号に、竹内洋・佐藤卓己トークイベント『日本ファシズムの知的起源』と題して一面から詳細に報告されることになった。

都はるみさんが来店？

有田芳生さんからメールが入ってきた。都はるみさんの本が発売されたというもので、有田さんはすでに最寄りの本屋で手に入れたというのである。メールには出版社が記入されていた。見ると樹立社と書かれている。聞いたことがあると思い、気を落ち着けて画面を見つめる。確か林茂樹さんが起こした会社だった。なるほど、茂樹立社かと思いながら、すぐに樹立社に電話をかけたのだった。

「都はるみさんの本を出したよ。お前のとこ入ってないの？」

「入ってないよ、入れてよ。有田芳生さんからメールで教えてもらっただけど」

「有田さんから？　あの有田さん。なんで入ってないんだ。配本でいってるだろう？」

「来てないから電話してるんじゃない。三〇冊急いで入れてよ」

「わかったよ、持っていくよ。そんなに持てないから十五冊でどうだ」

「なんでもいいから頂戴よ。追加は取次回しでいいから」

早速届けてもらった。都はるみの本『メッセージ』を開いてみる。都はるみさんの言葉と鬼海弘雄さんが撮った写真で構成されている。鬼海さんは土門拳賞受賞の写真家だ。二人の、この組み合わせの縁結びは作家・中上健次に由来するものだという。お互い、生前の中上健次から多く影響をうけている、と書いてある。中上健次さんには、この東京堂書店もお世話になっている。連続講演をしてもらっているのだった。この『メッセージ』という本は、都はるみさんと鬼海弘雄さん、そこに中上建次さんがいることを教えてくれた。当店でも大いに売っていこうと思った。

有田さんが、すぐ店に姿を見せた。一階レジのカウンター越しに話すことになった。

「出版記念ということで、都はるみさんをお呼びできませんかね」

ダメ元、という思いだった。有田さんが、

「できますよ」

こともなげにいうのである。

わたしは耳を疑う。カウンターを飛び出していた。

「大丈夫ですよ」

静かな太い声が、安心しなさいといっているように聞こえてきた。

「わたしは、都はるみさんの宣伝部長ですから」と有田さんは表情を崩している。

決まった、こんな大イベントが。有田芳生という男を焦点にして、一瞬のうちにまとまったのである。


それから打ち合わせが始まった。「都はるみ事務所」の中村一好さん、有田さん、林さん、わたしの四人で何回か集まることになった。講演会というイベントをやってきたが、いつもは、だいたい立ち話のように進めてきたのであった。今度は、やはり違う。念入りに打ち合わせをかさねることになったのである。その都度、泥酔状態になっても延々と続いた。書店とは全く別の世界、その世界をのぞくという貴重な体験になったのである。そして、その日を迎えたのであった。

萬玉《まんぎょく》邦夫さんという編集者

いつもの通勤で東京駅の混雑する乗換ホームを歩いていたら、

「佐野さん」

と声が聞こえてきた。朝の九時ごろのことだ。

振り向いて見ると文藝春秋の萬玉邦夫さんだった。長身の萬玉さんだ。こんな早く、東京駅に萬玉さんという人物がいることが意外だった。

いつのことだっただろう。いま、こうしてふり返ってみると、萬玉さんと東京駅で不意に会ったことは、自分の人生のなかで、なにかを暗示されているような気がする。日々の喧騒のなかで、時間も空間も置き去りにして深い海の底で一切のむなしさが安堵の表情に変わった。わたしにとって、萬玉さんはそうした特別の存在であった。

「宮城谷さんに会いに行くところだよ、なにか伝えることあればいっておくよ」

そういった。笑い顔だった。萬玉さんは文藝春秋の名編集者で、そのときは宮城谷昌光さんの著作を担当されていて、その本の装丁も手がけていた。いま発売が続いている『三国志』の打ち合わせに、これから静岡まで出向くということだった。

萬玉さんをわたしが知ったのは、宮城谷さんとの関係からであった。その時、彼はすでに宿痾を背負っていた。

ある八月の暑い盛りの日のこと、いまとなっては忘れられない。

坪内祐三さんが「坪内ワンダーランド」の棚に古本を集めてきた。いつものように自分の手でていねいに棚に本を差していた。開高健、谷沢永一、藤沢周平、古山高麗雄……といった作品が並べられていく。その作業を終えると、坪内さんは、こう話した。

「ここの二段分の本は、当分の間、展示用にして売らないでください」

その理由をたずねると、

「萬玉さんが編集、装丁をした書籍を集めたんです」

そう応えてくれた。コーナーの二段には、その萬玉さんの編集した本が並んでいる。はじめて知った本も並んでいる。これだけの本を集めるのは大変だったと思った。

それから数日後、萬玉さんが東京堂書店に姿を見せたのである。哲学書を買いにこられたのだという。もちろん、店では何度か会っているが、少し疲れている様子だった。

わたしは「坪内コーナー」のことを思い出した。萬玉さんをそのコーナーに案内することにした。彼はそのコーナーの前で立ち尽くしていた。言葉を発することはない。走馬灯のように、このコーナーに自分の仕事を見ているのに違いない、と思った。

坪内さんは、なぜ、いまこの展示をしたのか。萬玉さんは、なぜ、この展示に出会ったのか。それから一カ月ほどして萬玉さんは亡くなった。

その後、奥さんの加奈さんからはがきが届いた。萬玉さんは、入院先の病室でも、宮城谷さんの『三国志』の編集作業をしていて、最後まで現場の仕事ができて幸せだったと思う、と書かれていた。わたしが出会ったなかで天性の編集者だった。

宮城谷昌光さんのサイン本

宮城谷昌光さんが、当店によく見えることは知っていた。しかし、長い間、店の中で顔を合わせるということはなかった。宮城谷さんが当店に来られるようになったのは、執筆のための資料を探されるためであろう。いつも必ず夫人と同伴で店内を見回られていかれる。選書は難しい専門書ばかりだ。それだけに、当店にお気に召す書籍があるかどうかが気にかかるようになっていた。そんな資料探しや用意周到な研究から、つぎつぎと大作が生み出されていると思っていた。

電話やファックスで注文を受けることもある。その応対を二階担当の林建二が受け持っていた。彼は本や出版社に精通しているので、安心して任せることができた。まれに入手困難な場合には、わたしが裏方になり出版社と交渉にあたるぐらいであった。しかし彼が病気療養で休職することになったため、林の要請もあってわたしが前面に出ることになった。

宮城谷さんには、新刊が出ると必ずサイン本をお願いししていた。海越出版社の当時から販売させていただいている。『天空の舟』『中国古典の言行録』を思い出す。文藝春秋の『宮城谷昌光全集』全巻にもサインしてもらい、予約販売もさせていただいた。感謝の仕様もない。

『三国志』を刊行されるということを知ったとき、サイン本ではなくぜひサイン会をお願いしたいと申し出た。宮城谷さんはめったにサイン会をしない作家なのでどうなることかと思っていたが、承諾していただいた。しかも大著『三国志』の第一巻とあって、記念すべきサイン会になった。当日は大盛況でなかなか終わらなかった。最後の最後まで和やかに応対されていた。

「管仲」を書かれたときのことだと記憶するが、いくら調べても彼の生涯でどうしても腑に落ちない部分があって、それが納得できないと先には進めることができないといわれた。作家は大変だと思った。あるとき、こういうことなのかと気づくと、それを焦点にして物語がすべてつながった、と話してくれた。来店すると、当店の棚をよく見て回る。

その宮城谷さんが、一人で店に来たことがあった。夫人が風邪をひかれたのだという。その後、いつものように同伴されたとき、「この間はどこか寂しそうでしたよ」と夫人にいった。「なにをいってるのかねぇ、佐野さんは」。宮城谷さんは、そういいながら、いつもの穏やかな微笑を返された。ちょっと照れているようにも見えた。宮城谷さんが帰られた後、いつも思うのだった。この大作家にふさわしい応対をわたしはしえたのだろうか、と。

V

本とわたし

――経験は読書

仕事を辞めてからもいままでどおりに毎日読書の時間を設けているが、部屋を片付けようとすると、まず本を整理しなければならない。長年部屋に積みあがったままだった本や、書棚にもどそうとしている本などを整理しながら手にとってめくって見ていると、ついつい読みふけってしまうことがある。積んだままの本は必要があって手元において、読んだ本や買ったままの本、書棚に入っている本は読んでしまって整理されている本、ということになるが、必要に応じて書棚から引き出して、そのまま積みあがったものもある。それを整理しようとしてまた読みふけってしまうものもある。そして読み返さなければいけないと思ってまたそのままにして置く。なかなか片付かないで部屋はいつまでも本に取り囲まれている。いままで読みきれなかった本もまだまだあり、それらを読み終わるまでにどのくらいかかるのだろう。しかしいまは時間も十分あるので、いそがず、あわてず読書しながら片付けようと思っている。

読書について、本に尋ねてみようと思う。

孔子は、人生にとって読書の必要性を次のようにいったということである。

「子曰く、吾れ嘗て終日食らわず、終夜寝ねず、以って思う。益無し。学ぶに如かざ

る也」(『論語』衛霊公第一五、吉川幸次郎)

「『思』、すなわち空漠な思索、それはたとえ寝食を忘れたものであっても、『学』、すなわち読書による経験の堆積に及ばないことを、もっともはっきりいいきった条である」(『論語』吉川幸次郎)

「学ぶ」とは読書のことだというのは解説を読まないとわからない。確かに先人の教えは大切である。「温故知新」ともいわれている。しかしなんでも貫徹するだけが生活ではないだろうし、自分の問題としての必要性がないと「読書による経験の堆積」をめざしてただひたすら読み進めても身につかないだろう。「学んで思おもわざれば即ち罔《くらし》」ともいわれている。そう思いながら読書してみると、つぎのような読書の仕方もあることに気がついた。

「書を読むことを好むも、甚だしくは解することを求めず。ただ意《こころ》に会《かな》うこと有る毎《たび》に、すなわち欣然《きんぜん》として食《しょく》をすら忘る」(『陶淵明伝』吉川幸次郎)

「当時一般の哲学は、煩瑣哲学の風があった。貴族たちの書斎では、易、老子、荘子が三玄、三哲学書とよばれて、その講義が、討論の形で行われ、煩瑣な議論を生んでいた。しかし先生はそのひそみにならわず、書を読んで甚解を求めない。過度の分析によって、古典のもつカオスを分解して、むりなコスモスを作ることを希求しない。ただし書物を読んでいて、気にいった条に出くわすと、欣然として反復熟読し、そのため食事を忘れることさえある」(『陶淵明伝』吉川幸次郎)

あまり努力しないで人生を送っていると、いつかはそのつけが回ってくるかもしれない。これからも精進しないといけない。自分の行いがまわり回って、いつかは自分にもどってくるということはありそうなことである。因果応報などともいわれている。甚解を求めないで、その三玄の一つを開いてみよう。

「天の道は争わずしてよく勝ち、言わずして善く応じ、招かずして自のずから来り、繟然《せんぜん》として善く謀る。天網恢恢粗にして漏らさず」(『老子』第七三章、福永光司)

「繟然《せんぜん》」とはゆったりしたさまをいうとのこと。『老子』の有名な章だが「天の法の網は広く大きくて、網目は粗いが取り逃すことはない」ということの言が印象的だ。粗いが細かいことも取り逃すことがないというわけだから、どんな理屈なのかと思う。ただし広くて大きいわけだから全てをおおっているのだろう。天地自然の運行がまわり回って元にもどってくるならば、全てが自然の理法のうちにあり、増えるものも欠けるものもない。

「大国を治むるは、小鮮《しょうせん》を烹るが若《ごと》し」(『老子』第六〇章、福永光司)

というのがあり、こちらは逆の表現のようだが、「大きな国を治めるのは、小魚を煮るようなものだ」といっている。「小鮮」とは小さな魚を意味するとのこと。これは細かい煩瑣な指図で大きな国を動かすといっているのではないという。小魚を煮るときは腸《わた》をぬいたり、鱗を取ったり、箸でつつきまわしたりするような、細かい煩瑣なことをしないと同様、大きな国もいじりまわさないようにすることだといっているのだそうだ。成るべくして成ったものは、成ったとおりにしたがうのがよいということか。

箸でつつきまわして台なしにするといえば、思い当たるのが『荘子』にも出てくる。

「南海の帝を儵《しゅく》といい、北海の帝を忽《こつ》といい、中央の帝を渾沌という。あるとき儵と忽とが渾沌のすむ土地で出会ったことがある。主人役の渾沌は、このふたりをたいへん手厚くもてなした。感激した儵と忽とは、渾沌の厚意に報いようとして相談した。『人間の身体にはみな〔目と耳と鼻と口との〕七つの穴があって、これで、見たり、聞いたり、食ったり、息をしたりしている。ところが、この渾沌だけにはこれがない。ひとつ、穴をあけてあげてはどうだろうか』そこでふたりは毎日一つずつ、渾沌の身体に穴をあけていったが、七日目になると渾沌は死んでしまった」（『荘子』応帝王篇第7、森三樹三郎）

有名な「渾沌に七穴を穿つ」という寓話だが、善意が裏目に出るというのだから、世の中複雑というのほかない。人為を超えたものに対して人為を実行したために、つまり「カオスを分解して、むりなコスモスを作る」という人為が、否定的な結果をおよぼしてしまったという話であろう。ここで「無為自然」といってしまえばそれで済んでしまうのだろうが、つぎのような注釈がある。

「渾沌は、いうまでもなく自然の象徴である。人間には自然の無秩序に耐えがたい一面があり、これを自分の都合のよいように改造しようとする衝動に駆られるものである。だが、たとえそれが善意から出たものであるにしても、人為が加えられると同時に、自然はその生命を失い、人生の悲惨もまたそこからはじまる」(『荘子』森三樹三郎)

この本をそろそろまとめようと作業に取りかかったところで、東日本大震災が起こった。地震、津波、原発事故と三つの災難が東日本を一度に襲った。そしていまでは日本全体の問題になっている。

「『地震の現象』と『地震による災害』とは区別して考えなければならない。現象のほうは人間の力でどうにもならなくても『災害』のほうは注意次第でどんなにでも軽減されうる可能性があるのである」(『災難雑考』)

と、地球物理学者の寺田寅彦はいう。地震による倒壊や津波による被害は軽減されうる可能性は大いにありうる。しかも被害にあったあとで大変な努力と、そして多くの援助とを必要としながらも、再起が可能である。人為で人間の生活を制御できるからである。しかし原発事故だけは人間の力だけでは制御できない。放射性物質の半減期を縮めることは、核変換の可能性があるとしても放出などその扱いは人間の能力を超えているからである。人間の技術は、十分に人間の制御力を発揮できるもののみを、使用すべきである。

「こういうふうに考えてくると、あらゆる災難は一見不可抗的のようであるが実は人為的のもので、従って科学の力によって人為的にいくらでも軽減しうるものだという考えをもう一ぺんひっくり返して、結局災難は生じやすいのにそれが人為的であるがためにかえって人間というものを支配する不可抗的な方則の支配を受けて不可抗なものであるという、奇妙な回りくどい結論に到達しなければならないことになるかもしれない」(『災難雑考』)

難しい文章であるが、災難は人為的であるのにそして人為的に避けられるのに、その人為がかえって人為に対して災難を起こしてしまうということであろう。

カントの批判哲学というのは、人間の能力を見極め、その能力を超えた使用をすると誤るという教えである。

「理性が自分の本分を誤解して、ただ自分自身の主観と、一切の内在的理性使用においてこの主観の従うべき指導とに関するものを、超越的に客観自体に関係させると、理性は必ず迷妄に陥るのである」(『プロレゴメナ』、篠田秀雄訳)。

ここで「主観」といっているのは人間の認識能力という意味であり、「超越的」というのは認識能力を超えてという意味である。それを超えてまで原発が必要であるというのは「超越的に客観自体に関係させる」ことであり、この決断は人間の認識能力の越権によるものではなかろうか。まことに人為というものはむずかしい。

災害の事態収拾に対しての政治への批判もあいついだ。細かい煩瑣《はんさ》な指図をしすぎて先に進まなくなり混乱をきたした。人為が人為的な障害を招いていて、いまではこちらのほうが問題になっている。災害をとおして政治のありかたが顕在化してきたということか。

「民主政治の下では方針が変わりやすく、責任者はそれ以上に頻繁に交替するから、事業の運営が拙劣であったり、中途で放置されたままになったりする。……無駄な費用をかけることになる」(『アメリカのデモクラシー』トクヴィル、松本礼二訳)

ずいぶん以前の記述(一八三五年出版)であるが、最近の日本の政治状況にもあてはまっているようだ。古い著作を読んでいても現代にそのまま通じるような記述に出会うことがよくある。それは、人為に対する人間としての基本的な考察からくるものに違いない。そうした類の本を古典とよぶのだろう。

「たしかに、党派抗争に火がついたとき、政府が社会に対する統制力を失うのは真実である。だが民主主義の権力の本質上、力と手段が欠けているとは思わない。それどころか私は、それを滅ぼすのはほとんどつねに力の濫用と手段の不適切な行使だと信じている」(『アメリカのデモクラシー』トクヴィル)

これらの引用はアメリカだけのことをいっているのではない。「アメリカの中にアメリカを超えるものをみた」人物がいっているのである。民主主義の権力の本質によって「力と手段」を適切に行使してもらいたいものだ。

仕事を辞めたら読もうと思い、神保町の古書店・三茶書房で講談社の『人類の知的遺産』というシリーズを購入した。三、四冊欠本があったが、全八〇巻のシリーズだ。現在まで三〇冊ほど読んできている。思想家のひとりずつが、その生涯、思想、著作の順で編集されている。そのなかにはいままで読んだこともないような人物も収録されていて勉強になるとは思うものの、やはりなじみのある思想家優先になってしまう。

河出書房から『世界の大思想』第一期、第二期が出たことがあり、これは全巻揃えて読んだことがある。中央公論社から『世界の名著』正編六十六巻、続編十五巻というのも出ていたことがあり、こちらはいまだに全巻揃えてはいないが七〇冊ほどは手元にある。『世界の大思想』は完訳を旨としていて、第一期に収録されている著作はほぼ全訳である。ヘーゲルの『精神現象学』やウェーバーの著作などは貴重であった。当時は全訳が基本で、紙数の関係でやむなく抄訳というようなただしがきがあった。『世界の名著』になると全訳というよりもその著作の重要部分の抄訳が増えてくる。その代わり、解説が多くなっている。さらに『人類の知的遺産』になると解説が大半の部分を占めるようになり、著作は全部がさわりだけの抄訳に変遷している。こうしたことも思想のコンパクト化というような、時代の要請を反映した企画なのだろう。

シリーズものの完訳もさることながら、近年個人全集の出版はさらに影をひそめている。場所を取りすぎるというのがとりあえずの理由であるが、もちろん全集の電子化もありうるだろう。全集全体を通じた検索も容易になるに違いない。それでも全集は、書物の分解とは対極にあるもので、著者の作品群の有機的関係が体験できる。その著者の考え方の癖や性格が読み取れて、そうした観点からの問題への対処の仕方が体験できる。それがいつしか自分で考える力にもなってくると思う。もちろん全集を読むということは、時間のかかる作業であり忍耐のいる体験であるが、重要と思われる人物の個人全集からはその人間性まで学ぶことができる。ひとりの人間が一生かけてどのように考え、生きたのかということは、自分が生きていくうえでも支える力になるのではないかと思う。

そうした意味ではデカルトの『方法序説』は参考になるのではないだろうか。そんな偉大な哲学者の生き方を読んでもあまり参考にはならないと思うかもしれない。しかし「良識はこの世のものでいちばん公平に分配されているものです」とその冒頭に述べている。

「要するに、彼に言わせれば、常識というものほど、公平に、各人に分配されているものは世の中にないのであり、常識という精神の働き、『自然に備わった智恵』で、誰も充分だと思い、どんな欲張りも不足を言わないのが普通なのである」(『常識について』小林秀雄)

彼はその良識にもとづいて哲学をしてきたので、それが理解できないことはないといっている。自分にわかるものだけ読んでいるのでは進歩は望めない。『哲学原理』の序文にあたる「仏訳者へのデカルトの手紙」のなかで哲学書の読み方をつぎのようにのべている。

「私としては、読者がこの本をはじめは小説を読むように一気に通読されることを希望します。あまり注意力を働かそうとしたり、わからない箇所がでてきたとき、これにこだわったりせずに、ただどのような事柄があつかわれているかを大ざっぱに知るだけで結構です。もしその後で、それらの事柄が検討に値すると思われ、その原因を知ろうとする好奇心をもたれたら、この本を再度読んで、私の理論のつながり具合を見てほしいと思います。しかし、たとえそのつながり具合を全体にわたって十分認識することができず、私の理論の全ては理解されないとしても、だからといって、まだあきらめてはいけません。その場合、よくわからない箇所にペンでしるしをして、止まらずにそのまま続けて終わりまで読まれたら結構です。次に二度目この本にとりかかられたら、私はあえて信ずるのですが、前にしるしをつけたわからなかった箇所の大部分がわかるようになり、もしなおいくらかわからない箇所が残っていても、さらに読み返されれば、ついにはおわかりになるはずです」(『方法序説』、『哲学原理』はいずれも『デカルト著作集』、三輪正・本多英太郎訳)

デカルトのこの指示によって哲学書が理解できるようになるとすれば素晴しいことだ。常識の正しい積み重ねがその後の時代を切り開いてきたのであり、うまくいかなくなると省察もせず、「自然に備わった智慧」をすててかかるせわしない非常識では混乱するばかりであろう。「常識は公平に分配されている」が正しいとすれば、「公平に分配されていないものは非常識である」もまた正しい。したがって非常識は共通性をもたない。

『方法序説』は「自分の理性を正しく導き、色々な学問において真理を求めるための方法について述べる話。加えてその方法の試みである『屈折光学』。『気象学』。ならびに『幾何学』」という大著のはじめに置かれたものである。それだけが単独に出版されたものではない。『哲学原理』はこれも大部の本で、原理的な一部、二部を訳したものはいくつかあるが、四部までの全訳はひとつしかない。

重要な書物としての古典は繰り返し読むのがいい、とショーペンハウアーもいっている。

「反復は研究の母なり。重要な書物はいかなるものでも、続けて二度読むべきである。それというのも、二度目になると、その事柄のつながりがより良く理解されるし、すでに結論を知っているので、重要な発端の部分も正しく理解されるからである。更にまた、二度目には当然最初とは違った気分で読み、違った印象をうけるからである。つまり一つの対象を違った照明の中で見るような体験をするからである」

「良書を読むための条件は、悪書を読まぬことである。人生は短く、時間と力には限りがあるからである」

「したがって読書に際しての心がけとしては、読まずにすます技術が非常に重要である」

『良書』とはなにか

「比類なく卓越した精神の持ち主、すなわちあらゆる時代、あらゆる民族の生んだ天才の作品だけを熟読すべきである。彼らの作品の特徴を、とやかく論ずる必要は無い。良書とだけ言えば、だれにでも通ずる作品である。このような作品だけが真に我々を育て、我々を啓発する」

いずれもショーペンハウアーの『読書について』からの引用である（斉藤忍隋訳）。「悪書」とは何か。それは警句箴言の大家である著者の、この小論を読んでみればわかる。ショーペンハウアーらしいいい方であるが、当時も現代もほとんど変わっていないという印象は、トクヴィルの考察同様である。

良書かどうかはわからないが、この哲学者の『意志と表象としての世界』という本に衝撃を受けたのがニーチェである。

「その頃の或る日、私は例の老ローンさんの古本の店でこの本が目にとまり、どんな本なのか全く知らないなあと思いながら、これを手にとってぱらぱらめくってみたのである。どんなデーモンが私の耳もとに『この本を買って帰れ』とささやきかけたのかは知らないが、とにかく私はこの本を、本を買い急がないいつもの私の習慣に反して、その場で買って持ち帰った。下宿へ帰るとすぐ私はこの貴重な獲物を手にしてソファーの片すみにもたれかかり、精力的で陰気なかの天才の魔力のなすがままに奔弄せられ始めた。どの行もどの行も、諦念と否認と断念とを叫ぶ行ばかりであった。それは、私に世界と生と私自身の情緒とを恐ろしく壮大に映し出して見せてくれる一個の鏡にも似ていた。そこでは、すべての利害得失を離れてじっと見つめる太陽のごとき芸術のまなこが私を見つめていた。そこに私は病気と快癒とを、追放と隠れ家とを、地獄と天国とを見た。自己認識の必要が、いな自己自身をこなごなにかじって砕いてしまうことの必要が私に猛然と襲いかかって来た」(『自伝集』ニーチェ全集より、川原栄峰訳)

ショーペンハウアーの「力としての意志」がニーチェの「力への意志」へと方向を定めて展開し、現代思想に多大な影響を与えることになった、重大な出会いである。

小林秀雄訳の『地獄の季節』というランボーの翻訳書があるが、ほかにも同書の訳はいくつかある。しかしこの訳についてはいつも問題視されてきた。正確な訳ではないというものであるが、この訳で育った世代は文学や評論の分野で活躍してきた。いまとなっては後戻りできない歴史を築いてきたのである。従ってこの訳も取り消しできない。ひとつの訳が世代をリードしてきたのである。いまから訳を修正して、ひとつの時代を築くことができるだろうか。

実は現在の岩波文庫版の『地獄の季節』は、彼が五十五歳のときに改訳したものである。二十三歳のとき、彼は思った。

「『地獄の季節』の見すぼらしい豆本に、どんなに烈しい爆薬が仕掛けられていたか、僕は夢にも考えていなかった。しかも、この爆弾の発火装置は、僕の覚束ない語学の力などほとんど問題ではないくらい敏感に出来ていた。豆本は見事に炸裂し、僕は、数年の間、ランボオという事件の渦中にあった。それは確かに事件であったように思われる」(『ランボオⅢ』小林秀雄)

この事件こそが、彼の批評家としての原点であろう。改訳後も作品の引用は旧訳のままのようだ。ニーチェのショーペンハウアー体験と同じく、人生にとって貴重な体験である。本との出会いとはこういうものなのかと思う。

「意に会うこと有る毎に、すなわち欣然として食をすら忘る」(『陶淵明伝』)

現代では思想や理論が技術論的な観点からとらえられることが多く、人間が物質に還元されてしまうような傾向が強い。正確な訳になればなるほど文章の生き生きした生命が失われてしまうというのは、言語の制度的な規約という正確さと、「解釈」とは別の方向を向いているのであろう。

言語とは何か。それを説明するためには言語を使わなければならない。言語は文章を形成する。そしてこの文章によって説明しなければならない。文章は文法にしたがっている。文法もまた文法にしたがった文章によって言語で説明しなければならないのである。こうして厳密化すると論理的には循環論になる。

あまり文学的ではないが、ヴィトゲンシュタイン風にいえば、言語を言語で言語化することはできない。

「いかなる命題も自分自身について語ることはできない。なぜなら、ある命題記号が当の命題記号自身のうちに含まれることはありえないからである。」（『論理哲学論考』ヴィトゲンシュタイン、野矢茂樹訳）

これをさらに問題視しようとすると、分析哲学者のクワインによる「翻訳の不確定性」というような事態にいきつく。二つの言語間での翻訳もさることながら、一言語のなかの言いかえにも問題が起こってくるということなのでよい訳はどれかなどといっているわけにもいかなくなる。ここでこれ以上進めると「甚解」の領域になってしまう。

しかし本を読むときに読者はそんなことに気づいてはいないし、それでも内容を「了解」できるのである。ハイデガーほどでなくとも了解作用が働いているのだろう。

「解釈においても、了解の働きは、自分が了解したものを了解しながら自分のものにします。解釈において、了解する働きは、何か他のものに成るのではなくて、了解の働きそのものに成るのです」(『存在と時間』ハイデガー、桑木務訳)

むしろ内容が理解できるように言語は発達してきたのではないのか。理論の逆立ちが、人間というこのアナログ的な生物の居場所を循環の輪という収容所へと送り込んでいる。この翻訳は循環のまどろみを断ち切る覚醒力をもっているのである。

「惚れた同士の認識が、傍人の窺い知れない様々な可能性をもっているという事は、彼らが夢見ているという証據とはならない。世間との交通を遮断したこの極めて複雑な國で、俺達は寧ろ覺め切っている、傍人には酔っていると見えるほど覺め切ってゐるものだ。この時くらい人は他人を間近で仔細に眺めるときはない。」(『Xへの手紙』小林秀雄)

「酔っていると見えるほど覺めきっている」人が「解釈」したのである。人の心を打たぬはずがない。

あとがき

もう一〇年以上も前になるが、当時、晶文社にいた中川六平さんから本屋についてのエッセイを書くことをすすめられた。事の発端である。中川さんらしく、業界の現状や分析などということではなく、日録のようなものではどうですか、ということで書き始めた。しかし、諸般の事情から、遅れに遅れているうちにわたしが、書店から退いてしまった。それで沙汰やみになった、と思っていたら、中川さんから連絡が入り、出版の目処がついたので追加原稿が必要ということになった。

それで出来上がったのが、この本である。多くの人びとに支えられながら仕事が出来たことを幸甚に思っている。中川さんの執念をどの程度反映することが出来たのか、はなはだ心もとないが感謝の気持ちで一杯です。亜紀書房の足立恵美さんには出版に際して大変お世話になりました。中川さん、足立さん、ありがとうございます。

二〇一二年八月十二日

佐野 衛

◎著者について
佐野衛（さの・まもる）一九四七年、山梨県甲府市に生まれる。七二年に早稲田大学文学部を卒業後、東京・神保町にある「東京堂書店」に勤める。長らく同店の店長を務める。著書に『装置と間隙』（インパクト出版会）、『推理小説はなぜ人を殺すのか』『世紀末空間のオデュッセイア』（ともに北宋社）。

書店の棚　本の気配

2012年9月28日　第1版第1刷発行

著者　佐野 衛

発行所　株式会社亜紀書房
〒101-0051
東京都千代田区神田神保町1-32
電話03-5280-0261
http://www.akishobo.com
振替　00100-9-144037

印刷　株式会社トライ
http://www.try-sky.com

ISBN978-4-7505-1223-5 C0095 ¥1600E